世界公民叢書

未來的，全人類觀點

作者◎寒哲 L. James Hammond

譯者◎胡亞非

謹以此書獻給已故良友董樂山先生——

中國作家、翻譯家，
中國文學最佳傳統之代表，及
本書作者最誠摯的支持者。

溫故而知新，可以為師矣。

——孔子

〈導讀〉

思想品味之妙

台灣大學哲學系教授
傅佩榮

歌德說：「朋友，知識是灰色的，生命之樹卻是常青的。」學院中的教授談起知識，難免使人昏昏欲睡，而知識的源頭在於生命；生命是活潑的，變化莫測又引人入勝。知識與生命若是攜手並行，固然可以相得益彰，可惜通常我們看到的是兩者分道揚鑣的狀態。

因此，每隔一段時期，就會有人發出「回歸生活本身！」的呼籲，提醒大家不要在知識的天地中流連忘返。熟悉西洋哲學史的人，可以輕易背誦從蘇格拉底到海德格的一系列名單。這份名單所帶來的壓力多於喜悅，所製造的困擾多於理解，其原因正是重知識而輕生命的主流傳統籠罩了全局所致。我們珍惜並且尊重此一傳統，但是不必因而忽略，回歸生活本身的深刻願望。

以較為具體的方式來說，一個人在談到，什麼是「哲學」時，宣稱哲學「教人如何生活」，並且主張「蒙田（Montaigne）恢復了古代哲學的傳統」；試問這是什麼意思？難道他想要推翻或顛覆哲學史的主流名單嗎？不僅如此，順著這個思路，可以推想：愛默生與梭羅繼承了蒙田的志業，因此也是典型的哲學家；至於叔本華與尼采，則是近代的「領銜哲學家」；然後，「至今還沒有一位二十世紀的哲學家超越了尼采」。如果真的有人提出上述看法，自然會讓大家眼睛為之一亮，準備傾聽高論了。這個人就是本書作者寒哲先生，本書名為《與思想家對話：給無暇閱讀經典著作的人們》，主旨並非系統介紹哲學，而是以筆記方式寫下作者的學思心得。

像這一類小品文，讀起來並不費力，大概只需要半天的工夫；但是若想充分領會其內涵，則半年的時間也不夠。至於作者旁徵博引的材料，單單以「文學」一節為例，對於我們這些外國讀者而言，恐怕要十數年的浸淫才有辦法完全掌握。不過，作者的用意既是要回歸生活本身，我們也不宜像閱讀教科書一般去字斟句酌了。

接觸過蒙田作品的人，大概都會有下述印象：思想自由奔放，見解不合流俗，辯才無礙又頭頭是道；在行文方面，廣泛引述佳言名句，但不使人覺得炫耀或累贅；但是，如果真的依照他的說法去立身處世，恐怕在到處碰壁之前就自覺無趣了。欣賞，不妨依循個人的偏好；實踐，就不能不參考世俗的風氣與潮流。莊子所謂的「外化而內不化」，也有類似的含義。寒哲先生的作品除了具備類似於蒙田的文風之外，還有以下三點特色：

一、格局開闊：他很少談到個人生活的瑣事，卻經常歸結出廣泛的論點。譬如，現在西方流行的世界觀是「基督教、人道主義、物質主義與環境保護主義」；文化的衰朽表現於「心理、精神、環境、生理」四個方面；中國的山水畫有「印象、人物、樸素、仿照」四大類別。這些固然都缺乏充分的說明與論證，但是讀來卻不會覺得無聊。

二、分類周全：他評述的主題包括：哲學、心理學、文學、天才、倫理、宗教、教育、政治、語言、生死本能、衰朽與復興等。幾乎「人文學科」所關心的材料都在其中，因此不但值得一讀而且值得細品。

三、哲學本位：他說：「哲學家對不同分支的人文學科的理解，通常比各科人文學家對自己學科的理解要深刻。」這句話在非哲學背景的人聽來或許有些刺耳，但是只要耐心讀完他對學院中哲學教授的批評，就會明白他所謂的哲學是「生活智慧」的表現，因而是人人可得與應得的。

寒哲先生畢業於哈佛大學哲學系，人文方面的基本學識自不待言，最可貴的是他勇於突破學院的知識框架，回歸生活與生命，使知識重新接上源頭活水，他認真「與思想家對話」，獲得豐富的成果，也讓我們由之獲益匪淺。無論我們是否全盤認同他的觀點，都能感受到閱讀的高度樂趣。思想品味之妙，又得到一個最好的示範。

〈序〉

先天下之憂而憂的知識份子

李慎之

寒哲先生：

聽亞非給我介紹了你對西方面臨的危機的憂慮以後一個星期，就收到了《讀書》雜誌，看到了你的《與思想家對話》的摘要（雖然它簡略到幾乎完全不能表達你的思想），又一個星期就接到了你寄來的全書（打印稿）。

我把你的著作從頭至尾仔細讀了兩遍。我十分欽佩你的博學，也十分欽佩你的文筆，它確實達到了你所推崇的古典的風格——簡潔明淨。但是我更欽佩的是，你看到了在被世界上許多發展中國家所羡慕的所謂「發達國家」中存在著深刻的危機，這種危機長期被掩蓋、被忽視，只有最肯深思、最有洞察力的真正知識份子才敢於正視。

我所以說「真正的知識份子」，是因為你在你的著作中痛斥那些「假知識份子」，雖然你在別處並沒有用過「真正的知識份子」這個名詞。我很理解你是用何等嚴肅的態度來看待「知識份子」的。我們中國本來沒有「知識份子」這個名詞，它是從你們西方引進的，然而一經翻譯，就具有了自己的含義。在今天一般中國人的心目中，一個大學生大概就可以算是一個「知識份子」了，這樣的「知識份子」也許能擴展自己的知識而成為一個「大知識份子」，卻很少著意考慮人類全體的命運。你所說的知識份子實際上相當於中國傳統的士，孔子所謂「志於道」的士，「仁以為己任……死而後已」的士，孟子所謂「無恆產而有恆心」的士。

你對西方衰朽的觀察幾乎完全不涉及具體的問題，而只是從精神方面著眼，這一點也與中國歷來的士從世道人心乩世運興衰的傳統相似。你認為西方人現在胸無大志，失去了自尊和自豪，失去了深微玄遠的追求。你以為對西方的威脅不在於外部的侵略，甚至也不在於經濟的衰退和環境的污染，而在於心智的閉塞，人們只知道掙錢和花錢。你憎惡所謂的「工作道德」把一切都變成了做生意，而人們普遍追求的成功卻無非是「掙大錢」的別名。你看到了西方社會在和平、舒適和繁榮中退化，矇著眼睛走向未來。你批評西方的民主政治使得政客們只知道拉選票而遷就各個利益集團。實際上選票頂多代表眼前的利益。西方民主給了個人這麼多的權力，而社會作為整體卻幾乎毫無權力。這實際上只是群眾專政代替國家專政。

所有這些，都是很深刻的見解。

統觀全書，我以為你確實是在一般人還沒有看到的時候，看到了美國所面臨的危機，這不但表現出智能上的洞察力，而且表現出道德上的責任感。這是與中國的士「先天下之憂而憂」的傳統相一致。但是，我希望你能更深入而具體地觀察造成美國病象的各個方面與各種問題。提出救世的辦法當然困難，但是正如醫生看病一樣，有了確切的診斷，開處方總會比較容易些。這樣，對那些研究美國、關心人類前途的人來說，也可以得到更多的教益。

註：李慎之，曾任中國新華社國際新聞部主任、中國社會科學院副院長、中國社會科學院美國所所長等職。

〈原著序〉

在思想經典的國度中旅行

寒　哲

當今的大多數人即使從大學畢了業，也算不上真正受了教育。今天的大學強調的是職業教育，而不是人文教育。甚至連主攻人文專業的學生一般也只受到某個方面的人文教育，而不是全面的人文教育。

本書旨在將人文學的各個方面彙集起來，如文學、歷史、哲學、心理學、宗教等，將其合為一體。本書將向您介紹各個領域中的經典作品，同時還向您介紹那些創作出經典作品的人。看了這本書，您會覺得自己跟經典作品關係密切，也會覺得那些生活在幾百年前的作家近在咫尺。讀這本書就像在文學、思想和經典著作的國度中旅行。

本書在關於文學的一章中試圖描述眾多重要作家的基本特點，如喬哀思、普魯斯特、托爾斯泰、卡夫卡等。這一章還討論了有關文學的主要哲學問題，如文學的目的、人為什麼喜愛悲劇、文學究竟是主觀的還是客觀的等等。

本書第十二章**提出了一個新的歷史理論，一個關於衰朽與復興的理論。這個理論預言我們的時代會有一次復興，一個四百年以來的第一次復興。兩位十九世紀最傑出的哲學家，尼采和卡萊爾，都預言過我們的時代將有一次復興。在復興時期生存是我們的命運。**這次復興正在開始，它開始在人們最不能預料的時候，它開始在人們只看到衰朽和停滯的時候。第十二章強調說，**復興開始的時候正是衰朽達到極端的時候。**

本書關於天才的一章使您能夠從內部觀察經典著作，能夠從書外認識經典作家。然而，它做的還遠不只把這些作家和藝術家介紹給您。**天才是人類本質的一種，正如精神官能症是人類本質的一種一樣。**弗洛依德著力研究精神官能症，但他的結論與整個人類有關。同樣，當我們探索天才的心理狀況時，我們的結論也與整個人類有關。這一章向您介紹心理學，向您介紹弗洛依德的作品，也向您介紹現代探索無意識領域的運動。中國的著名資深學者董樂山先生（已故）說，**本書對天才**

的探討是他所見到的關於天才這個題目的最佳作品。

本書是一本嚴肅又有趣的書。它使哲學既像報紙文章一樣易讀易懂，也具有真正哲學的學術性和深刻性。它不像許多其他哲學著作那樣充滿了艱澀的術語；它是用最簡潔的英語寫成。本書的讀者會很快熟悉文化的各個主要分支，會很快熟悉英語語言的歷史，會很快熟悉天才的心理狀況等。由於本書每一章都是獨立的，讀者可以隨意從任何一章開始閱讀。

在思想經典的國度中旅行（原書名：西方思想抒寫）

給無暇閱讀經典著作的人們

【目錄】

哲學
Philosophy

過去的哲學家所探討的題目有哪些?**將來的哲學家可能會探討的題目是什麼?**

古代哲學家有時探討抽象的、形而上的問題，但他們一般都不脫離生活，他們試圖理解世界，他們教導人們如何生活。那時的哲學**教人們正視貧窮、疾病和死亡**，那時的哲學家也總是力圖奉行自己的生活哲學。**他們的哲學與生活密切相關，**哪怕是悲觀主義的哲學。（有一個名叫何基西亞斯（Hegesias）的哲學家勸人們放棄生命，結果他的許多門徒都自殺了。國王托勒密因此禁止何基西亞斯講課，以避免其哲學使國家人口下降。）

到了中世紀，哲學不再教導人們如何生活了，宗教開始扮演哲學曾經扮演過的角色。哲學成了「神學的侍女」。這時的哲學與生活無關了；這時的哲學與邏輯、詞義和思維過程攪成一團，跟它在二十世紀的表現很相似。

文藝復興時期，哲學擺脫了宗教的束縛，又承擔起它在古代承擔的角色。文藝復興時期的哲學家蒙田（Michel Eyquem de Montaigne）恢復了古代哲學的傳統，他試圖理解人生，探討與生活有關的題目。培根（Francis Bacon）（文藝復興時期的另一位哲學家）除了對科學有極大的興趣外，也向人們提出如何生活好的建設性意見。

文藝復興以後，哲學家愛默生（Ralph Waldo Emerson）和梭羅（Henry David Thoreau）繼承蒙田的傳統，探討生命的意義；哲學家帕斯卡（Blaise Pascal）和齊克果（Søren Kierkegaard）規勸人們以基督徒的準則生活；哲學家笛卡兒（René Descartes）、萊布尼茲（Gottfried Wilhelm Leibniz）和康德（Immanuel Kant）專事形而上學、數學和科學的研究。法國的幾位哲學家，如拉羅什富科（François La Rochefoucauld）和拉布呂耶爾（Jean de La Bruyère）等，則忽視科學與形而上學，注重描述人類本性和生活環境。同時，還有赫爾德（Johann Gottfried von Herder）、黑格爾（Georg Wilhelm Friedrich Hegel）和史賓格勒（Oswald Spengler），他們不注重個人本性，而注重社會本性；他們試圖發現社會的生命週期，即歷史發展的模式。

現代哲學的領銜哲學家叔本華（Arthur Schopenhauer）和尼采（Friedrich Nietzsche）既不為宗教辯護，也不為科學鳴志，他們更感興趣的是對無意識的探究和對人類本性的理解。將來，哲學家將繼續叔本華和尼采的事業。**哲學的未來不在於宗教、形而上學或科學。哲學的未來在於心理學、倫理學、政治學、美學和歷史學。**

毫無生命力的哲學

當代哲學家陷入了對語言和思維過程的研究及對真理的驗證。這些題目都與生活無關，它們既不能加深我們對現實的理解，也不能為我們提供生活的指南。假如你請一個研究「過程」的哲學家回答什麼是生活的目的和什麼是國家的意義的問題，他會說：「首先，我們需要給這些詞下定義。我們需要知道你所說的『目的』、『生活』和『國家』究竟指的是什麼。」很快，他就會陷入對詞義的斟酌，並請你一星期以後再來。當你再來找他時，他會說：「我在『目的』的定義上有所進展，但我還無暇顧及到『生活』和『國家』的定義。再過一星期再來吧。」一星期以後，你又來時，他又說：「我現在才認識到，我並不知道定義是什麼意思。我得先給『定義』本身下個定義，然後才能繼續下去。」聽到這些，你就會發現你問錯了人，一個研究過程的哲學家既不能加深你對現實的理解，也不能為你提供如何生活的建議。

由於過程哲學（process philosophy）與現實無關，它在學術界以外派不上任何用場。哲學應該離開課堂，到大千的世界裡來。哲學應該回答人人都期待回答的重大問題。哲學應該回答本質問題，而不應該回答過程問題。當哲學純粹注重過程時，它就變成僵死的、空洞的和毫無意義的，而這就是當代哲學的現狀。

潛心於過程研究的哲學家想把梭羅一類的哲學家從哲學界驅趕出去，並迫使他們藏身於文學或歷史。殊不知，梭羅探討的才是真正的哲學家所一向重視的價值觀問題，而過程哲學家卻對價值觀和人應如何生活避而不談。梭羅按照自己的哲學生活，他不在課堂裡討論哲學，他不把這種討論作為謀生的手段。**對梭羅來說，哲學是一種生活方式，而不是一個飯碗**。因此，梭羅將永遠被哲學的門外漢所喜愛，他將永遠在大千的世界裡佔有一席之地，而過程哲學家將永遠被哲學的門外漢所輕蔑，他們只能在學術界生存。

具有生命力的哲學

蒙田公開討論性的快感和飲食的快感問題。這是由於在蒙田的時代，法國未受禁慾的新教所影響，也未受反基督教改革運動的影響。蒙田是文藝復興的代表人物，他向我們表明文藝復興精神與古代異教精神是多麼地相似。古典文化對蒙田的影響要比基督教對他的影響大得多。

蒙田對性問題的態度使愛默生吃驚。愛默生說：「粗俗的、半原始的猥褻降低了他的（蒙田的）書的價值。」蒙田與愛默生之間的比較使我們看到禁慾的新教影響之深，甚至對一個像愛默生這樣的人，即一個與新教傳統已有幾代之隔的人，也是如此。莎士比亞（William Shakespeare）和米爾頓（John Milton）之間的比較也使我們看到禁慾的新教的影響。莎士比亞體現文藝復興精神，米爾頓體現清教主義（Puritan Spirit）精神。莎士比亞在談及性問題時比米爾頓要開放得多。

蒙田在哲學家中是最受讀者喜愛的一個——人人都喜歡他。愛默生雖然批評蒙田的猥褻，但他在談及蒙田的文章時也說：「從來沒有哪一本書對我有如此重大的意義。」福樓拜（Gustave Flaubert）在收到一個心情抑鬱的女友的來信時，回信說：「你問我讀什麼書好，讀蒙田吧……他能使你平靜……你會喜歡他的。你會發現我說的沒錯。」尼采稱讚蒙田的誠懇，他說：「這樣一個人的存在使人倍感活在世上的歡欣。」帕斯卡是虔誠的基督徒，他常憂心忡忡地受到良心的折磨。他對蒙田那顆純靜的良心和他對生活的熱情持有懷疑態度，但他並不討厭蒙田。何曾有人討厭過蒙田呢？蒙田在二十世紀仍然是最受歡迎的哲學家。二十世紀的美國哲學家郝佛（Eric Hoffer）就最喜歡蒙田。

為什麼蒙田會有這樣的大眾性呢？蒙田的誠懇和真實令人感到他可親可愛。他把讀者帶入他靈魂的深處，他與讀者分享他個人的體驗。蒙田把文學看作一種友情，他說他寫作的目的之一是與性情相投的人結交。蒙田的哲學盡涉人生重大課題，如教育、死亡、真理、友誼、愛情等。對古人的廣徵博引使他的文章生動有趣（蒙田對學問的熱情和對引語的嗜好是文藝復興時期作家的典型表現）。蒙田不代表某個特殊的學派、黨派或理論——他為了個人寫作，他為了人類寫作。蒙田不過份注重過程，他對邏輯和形而上學毫無興趣，他帶給讀者的是哲學而不是詭辯。

然而，無論蒙田怎樣深受讀者喜愛，他還是被今天的哲學教授所摒棄。**今天的哲學教授對蒙田的大眾性、深刻性和現實性視而不見。他們堅持把哲學變成一種空洞、抽象、毫無生命的智力遊戲。**這是絕不會使蒙田驚訝的，因為他早已對學術界抽取哲學的精髓、血液和生命的現象不以為奇了。蒙田寫道：「很遺憾，現在甚至在思想界，哲學也已成為一個空洞而虛幻的名字，一種毫無用處、毫無價值的東西……我想，其原因在於詭辯術堵塞了通向哲學的道路。」①

集人文於一身

哲學不但與某一事物是什麼有關，而且與某一事物應該是什麼有關。哲學的這兩方面具有同等的重要性。當哲學探討有關個人的「是什麼」的問題時，它就帶有心理研究的色彩。當哲學探討有關個人的「應該是什麼」的問題時，它就帶有倫理研究的色彩。所以，心理學和倫理學都是哲學的一部份。

哲學不但與個人有關，也與社會和政治有關。這裡也有兩個題目：一是事物是什麼，二是事物應該是什麼。

了解事物當前的狀況，即事物現在是什麼，需要了解事物過去的狀況，即事物過去是什麼。當對過去的了解涉及到個人時，就是傳記。當對過去的了解涉及到社會時，就是歷史。所以，傳記和歷史也都是哲學的一部份。傳記描述事物過去的狀態，也提供事物應該是什麼的模式。同樣，歷史也描述事物過去的狀態，並提供事物應該是什麼的模式。

哲學集心理學和藝術、倫理學和政治、傳記和歷史為一身。哲學是人文學科的總和。哲學之於人文學科，猶如十項全能運動之於跑道和田徑場；或許，我們也可以把哲學家比作一個熟知如何使各種樂器奏出同一樂曲的指揮家。指揮家對各種樂器的理解通常比演奏這些樂器的音樂家對自己樂器的理解要深刻。同樣，哲學家對不同分支的人文學科的理解通常比各科人文學家對自己學科的理解要深刻。

作為科學家的哲學家

雖然哲學家研究人或人文科學，但他們與像牛頓（Sir Isaac Newton）和愛因斯坦（Albert Einstein）等研究自然的科學家有許多共同之處。哲學家和科學家的目的都在於發現真理，或描繪一幅比先前的思想家所描繪的更準確的現實圖景。哲學家和科學家都經歷發現真理和獲得新世界觀的激動和喜悅。那些學到了新世界觀的人與哲學家和科學家分享這種喜悅，並以不同的眼光看待世界。但是，也有許多人拒絕接受新世界觀，堅持以舊眼光看待世界。哲學家和科學家都經歷勸說人們改變流行的世界觀的重重困難。

哲學家的工作涉及人文科學的各個分支：心理學、政治學、文學等。同樣，科學家的工作也往往涉及科學的各個分支：力學、光學、天文學等。哲學家和科學家一般在青年時代（大約二十歲左右）萌發主要思想。孩童時期模糊不清的情感發展成青少年時代清晰確定的見解，最終見之於成年時代成熟的作品。哲學家和科學家的思想猶如他們身體的一部份，與生俱來。他們的思想是時代的思想，他們的思想不可能在他們以前的時代出現。哲學家和科學家的思想是前人思想的擴展和結合。

為了一個讀者

哲學家主要只為一個讀者，或一個信徒寫作。這個讀者很像哲學家自己，他年輕時代的經歷與這個哲學家的經歷相似，他代表著這個哲學家的未來。這個讀者是唯一能夠完全理解這個哲學家思想的人，他是這個哲學家最好的批評家，他能超越這個哲學家，他能把這個哲學家提高到一個新的高度。亞里士多德（Aristotle）是柏拉圖（Plato）最好的批評家，他超越了柏拉圖。尼采是叔本華最好的批評家，他超越了叔本華。

什麼是哲學的起源？

按照亞里士多德的理論，哲學起源於人的敬畏心理。亞里士多德的根據是前蘇格拉底哲學家（pre-Socratic philosopher）對星象和地球的探索。他認為，這些人是被對宇宙的驚異和敬畏促使而致力於哲學研究的。如今，哲學家仍然感到驚異，但這種驚異不是由宇宙、而是由人類引起的。現代哲學家不是科學家，他們更是人文學家。現代哲學家不是物理學家，他們更是心理學家。現代哲學家的驚異是對無意識的力量的驚異，是對歷史事件、藝術作品和其他社會現象的驚異。

然而，哲學家致力於哲學研究的動機不僅僅源於敬畏心理，也源於對早期哲學家所提出的問題的興趣。**每一個哲學家都起步於前一個哲學家止步的地方**。還有一個促使哲學家研究哲學的動力是痛苦的經歷，他們被痛苦的經歷激發著，去為自己和別人克服痛苦，並建立美好的生活。最後一個促使哲學家致力於哲學研究的動力是生的慾望，一種半意識、半下意識的改善社會和造福人類的衝動。這種衝動不但是哲學家致力於哲學研究的動力，也是藝術家和政治家從事藝術和政治活動的動力。

從物理學到心理學

前蘇格拉底哲學家研究宇宙，並試圖把宇宙的複雜性簡化到一個單一的物理要素，如水、氣、火等。現代哲學家研究人，並試圖以一個單一的心理因素來解釋人的本性，如求生意志、強力意志、生死本能等。前蘇格拉底哲學家很像是物理學家，現代哲學家很像是心理學家。前蘇格拉底哲學家研究外部世界，現代哲學家研究內心世界。

從巴門尼德到叔本華的形而上學

大家都知道，形而上學在西方哲學中扮演了重要角色。但是，很少有人知道形而上學究竟是什麼。什麼是形而上學呢？形而上學的目的是什麼呢？形而上學是怎樣開始的呢？

形而上學開始於前蘇格拉底哲學家，具體地說，開始於巴門尼德（Parmenides）。在巴門尼德那裡，可以看到西方形而上學的歷史。巴門尼德看到，一切事物都在變化，一切事物都生成並消亡。巴門尼德使人想起波斯國王希爾西斯（Xerxes）。希爾西斯曾站在山上，檢閱自己的龐大軍隊。當他想到百年之後這些士卒將無一生存時，竟潸然淚下。巴門尼德尋求一種真正存在的、一種固定的、穩定的、永久的事物。

巴門尼德確信，一切具體事物都生成於一個基本存在；具體事物是不穩定的、多變的，基本存在則是靜止的、永恆的。按照巴門尼德的理論，由於存在本身是不變的，具體事物實際上就既不真正存在，也不停止存在。具體事物先是顯現，然後從視野裡消失。巴門尼德說，真實存在是永恆的，它只能被理性和智力所理解；具體事物的世界是虛幻的，它只能被感覺所感知。感覺終有一死，所以感覺只能感知終有一死的事物。理性和智力永生不死，所以理性和智力能夠理解永生不死的事物。巴門尼德的理論是高度抽象的理論。假如，哲學如黑格爾所說，是一個從抽象到具體的演變過程，那麼，巴門尼德就代表著抽象的極端，即哲學的起點。

柏拉圖和巴門尼德一樣，也認為具體事物的世界是虛幻的。柏拉圖指出，「真實存在」（true being）存在於思想之中；思想是永恆的、是接近於上帝的。按照柏拉圖的說法，大多數人生存於感知的世界，而不是思想的世界。他說，生存於感知世界的人就好比被囚禁在山洞裡的人，他們除了看到洞壁上事物的影子以外，對世界一無所知。柏拉圖的形而上學充滿詩意和隱喻。

亞里士多德把形而上學看作「第一哲學」（first philosophy），即哲學的最重要、最高級的分支。亞里士多德說，真實存在與上帝一樣，是不變的、不可分的；關於真實存在的學問和關於上帝的學問是一致的。由此可見，亞里士多德把形而上學等同於神學。亞里士多德哲學的中心是形而上學，而亞里士多德形而上學的中心是上帝。因此，亞里士多德在基督教思想家中很受歡迎，因為基督教思想家把上帝看得至高無上。亞里士多德的形而上學對中世紀的哲學家產生了巨大的影響，特別是阿奎那（St. Thomas Aquinas）。

中世紀以後，笛卡兒和斯賓諾莎（Benedictus de Spinoza）繼承亞里士多德的傳統，以形而上學的推理解釋上帝、證明上帝的存在。他們聲稱，形而上學的推理可以像幾何學一樣清晰和不可辯駁。康德卻認為，人無法證明與上帝有關的事物，人無法證明與真實存在有關的事物，人無法證明事物本身的本質。康德說，人只能證明與具體事物有關、與視覺世界和現象世界有關的事物。因此，康德的形而上學就似乎對宗教並不友好。但是，經過仔細觀察，我們就會發現，康德和他的形而上學對宗教是友好的。按照康德的理論，雖然宗教無法被證實，但宗教信仰還是有理由存在的。人無法證明上帝存在，人也無法證明上帝不存在。對康德來說，宗教不是一門理性的學說，而是一種信仰。至此，形而上學仍然是宗教的夥伴。

開始於巴門尼德的形而上學與宗教之間的長期聯盟終於在叔本華這裡截止。叔本華贊同早期形而上學理論家關於具體事物的世界或感知世界是虛幻的這一理論。叔本華與他們的分歧在於他的關於真實存在和終極現實的論述。早期形而上學理論家把真實存在等同於上帝，但是，叔本華卻說，真實存在是「意志」（will）。在無生命的物體中，這個意志表現為體積和引力。在有機生命中，這個意志表現為生的意志，即求生和繁殖的意志。叔本華所說的意志與後來的思想家所說的無意識相似。

康德為上帝的存在留有餘地，叔本華卻把世界劃分為意志和思想。也就是說，他把世界劃分為意志和人對於具體事物的看法，他沒有給上帝的存在留有任何餘地。從此，形而上學不再帶有神學色彩，卻帶有心理學的色彩。在西方哲學史上，叔本華是第一位堅定的無神論者。但是，叔本華的無神論不象尼采的無神論那樣喧囂、張揚，他不過是先取消上帝，後以無意識代之。早期的思想家一直認為，人基本上是有意識的和理性的。叔本華則首次宣布，人基本上是無意識的和非理性的，意識不過是無意識的表皮。

矛盾重重

阿奎那用形而上學來證明上帝憑意志創造了世界。斯賓諾莎用形而上學來證明上帝不僅是隱藏於自然之中的創造力量，而且也就是自然本身。他認為，上帝存在於萬物之中。叔本華用形而上學來證明上帝是不存在的，並證明生命歸根到底是痛苦、毫無意義的痛苦。縱觀歷史，哲學家用形而上學證明各式各樣的假想，或證明他們想要證明的東西。當形而上學的證明得出如此之多的相互矛盾的結論時，人們怎麼還能相信形而上學會導致真理呢？

形而上學的未來

形而上學宣稱「真實存在」存在於感覺的幻象和現象的舞弄背後。形而上學在一個永恆的和純粹的世界裡，或說在一個理性的和邏輯的世界裡尋找「真實存在」。這個「真實存在」的世界是一個幻象。唯一的真實世界是現象的世界。正是形而上學思想家，而不是其他人，被圍困在柏拉圖的山洞中，是他們被圍困在幻象的世界裡。

然而，形而上學在西方思想發展史上起過重要作用，我們不能認為它毫無用處而摒棄它。歷史有它自己的理性和邏輯。在歷史上，從沒有任何起過重要作用的東西，如形而上學，是完全沒有價值和完全沒有目的的。當西方人在思想上還是一個孩子、還不具備抽象思維能力的時侯，形而上學促使他把眼界擴大到具體事物之外，並作對一般真理的思考。形而上學和禁慾主義一樣，對西方人的教育有所貢獻。然而，形而上學不大可能在未來的哲學中佔據重要位置。

邏輯

語法闡明語言規則，邏輯闡明思維方法。不研究語法而進行寫作是可能的，不研究邏輯而進行哲學思考也是可能的。邏輯和形而上學都不是哲學的重要組成部份。因此，在許多西方哲學家那裡，我們就找不到邏輯和形而上學，比如蒙田、愛默生和尼采。同樣，在主要的中國哲學家那裡，我們也找不到邏輯和形而上學，比如孔子、孟子、老子和莊子。

假如說邏輯有任何意義的話，它的意義就在於它是思維訓練的一種方式。邏輯之於哲學猶如舉重之於打網球。有人認為，舉重訓練對網球運動員有好處。也有人認為，舉重訓練對網球運動員有害處。比如，它可能使網球運動員不夠靈活等。不管怎麼說，許多網球運動員從未練過舉重。同樣，有人認為，邏輯思維的訓練對思想家有好處，也有人認為邏輯思維的訓練對思想家有害處。比如，它會使思想家的思維脫離重要軌道，會使他的著作變得枯燥無味等。不管怎麼說，許多思想家從未研究過邏輯。

假如一個人志在理解世界，或尋求有關生活的智慧，他就不應該求助於邏輯或形而上學，而應該求助於哲學、文學、心理學或歷史。與邏輯和形而上學相比，文學和歷史更接近現實、更接近真理。

然而，許多人發現，現實並不那麼討人喜歡，他們寧願轉向邏輯和形而上學。比如，弗洛依德（Sigmund Freud）說，在男人的潛意識裡有弒父的慾望和與母親亂倫的慾望。許多人對此深有反感，就因此而放棄心理學。他們對心理學的放棄不是因為心理學的不真，而是因為心理學不合他們的口味。真理和現實一樣，總是有點不討人喜歡。不管現實是多麼地不討人喜歡還一味堅持理解現實的人是少數。這些人才是真正的哲學家。真正的哲學家絕不向邏輯和形而上學尋求智慧。

叔本華和黑格爾

叔本華很重要，因為是他第一個觸及了無神論和無意識的問題，並為現代最富有創造力、最深刻的思想家尼采和弗洛依德開闢了道路。十八世紀初，當叔本華還年輕時，黑格爾是德國哲學不可一世的最高權力。黑格爾認為，他已達到了哲學智慧的頂峰。但是，就在黑格爾講課的大廳裡，就在他討論哲學如何發展到其最後階段的地方，坐著一位年輕的哲學家叔本華。也就是這位年輕的叔本華發現了一個黑格爾所從未想見的哲學新大陸。叔本華為尼采和弗洛依德開闢了道路，而黑格爾卻對尼采和弗洛依德毫無影響。

黑格爾的形而上學和邏輯學使他名聲大振，但他的重要性主要在於他的「社會是一個有機整體」的理論。這一理論影響了二十世紀探討歷史哲學的人。黑格爾全力以赴地研究歷史，叔本華則很少關注歷史。正如黑格爾忽略無神論和無意識，叔本華忽略歷史。他把歷史看作一連串偶然發生的、缺少哲學意義的事件。他認為，黑格爾對歷史的關注是對真正的哲學的離經叛道。

哲學家一般都認為，是自己發現了全部的真理（他的追隨者也都這樣認為）。然而，一個哲學家所能發現的僅僅是部份的真理。哲學家的重要性往往被他的同代人所誤解，也往往被他自己所誤解。哲學家的重要性一般在人們回顧歷史的時侯顯示出來，也就是說，哲學家的重要性一般在於他對後來思想家的影響如何。

尼采

尼采在二十幾歲時很崇拜叔本華，但他在三十多歲時寫了《人性的，過於人性的》（*Human, All-Too-Human*），並在對許多問題的看法上與叔本華截然不同。比方說，叔本華反對決鬥，尼采贊成決鬥；叔本華贊成學外語，尼采反對學外語；叔本華認為噪音分散人的精力，尼采認為噪音有妙處可言。尼采與叔本華分庭抗禮是為了把自己從叔本華的影響下解脫出來，以成為有個人特色、與叔本華平起平坐的哲學家。

自從尼采把自己從叔本華的影響下解脫出來後，他就不再覺得有必要跟叔本華相爭了。然而，他後來也的確攻擊過叔本華，說他有意製造冗長繁瑣的形而上的論點，並以此為自己的倫理觀和世界觀辯護。同樣，他也攻擊過康德，說康德也有意製造冗長繁瑣的形而上的論點，並以此為自己的上帝之說和基督徒倫理觀辯護。

尼采認為，冗長繁瑣的形而上的論點多不是用來闡述真理，而只是用來為哲學家的個人見解辯護。在尼采看來，一個哲學家的個人見解是該哲學家的本能或直覺的表現。尼采對叔本華和康德的批評不在於他們有意製造迷惑人的形而上的論點，而在於他們有意以冗長繁瑣的形而上的論點掩飾自己頹廢的個人見解及頹廢的本能與衝動。尼采選擇了以短文的形式撰寫哲學著作。他摒棄了德國哲學形而上學式論述的傳統，他採用了法國哲學短文體的寫作傳統。

時代的思想

基督時期的時代思想之一是抑制無意識，另一個時代思想是關於世界末日和黃金時代的傳說：許多人相信世界末日和黃金時代指日可待。文藝復興時期的時代思想是人可以透過觀察和實驗而理解自然，因此，就有培根、笛卡兒、達文西（Leonardo Da Vinci）和蒙田等人對自然的迷戀和鍾情。十八世紀末、十九世初的時代思想是無神論，法國革命者、叔本華、馬克思（Karl Marx）和尼采都是這方面的例證。十九世紀的另一個時代思想是進化論，哥德（Goethe）、華萊士（Wallace）和達爾文（Darwin）是這方面的例證。十九世紀末的時代思想是無意識心理學，叔本華、尼采、夏爾科（Charcot）、賈奈（Janet）和弗洛依德是這方面的例證。二十世紀的時代思想是歷史心理學，這方面的例證有史賓格勒、索羅金（Sorokin）、湯恩比（Arnold Joseph Toynbee）和奧特加（José Ortega y Gasset）。

直覺

沒有一個思想家的思想是絕對的獨創。**思想的種子是由思想家的前輩播下的。**一旦這個思想發展成熟，它就成為時代的思想。**收穫一個成熟的思想往往需要幾個思想家的勞動。**

哲學家靠直覺而不是靠推理獲得最深刻的思想。哲學家往往在青年時代萌發這些思想，因為他在年輕時就對自己的時代有直覺的理解。

接近真理靠先行思想家的指引，發現真理靠天才的天賦——直覺。

我們怎樣超越尼采？

思想總是在前進，知識總是在進步，意識總是在增強，除非文明進入黑暗時代。新的哲學總是趨於代替舊的哲學，並使舊的哲學最終被人遺忘。**叔本華說：「哲學的情形猶如拍賣房子的情形，最後說話的人總是使前面的人所說的一切無**

效。」[2]

叔本華自己的哲學就使他以前的哲學失去了影響。尼采則又超越了叔本華，並使叔本華的哲學失去了影響。尼采的影響持續了一百年左右，至今還沒有一個二十世紀的哲學家超越尼采。雖然，**二十世紀就心理學來說是豐收的年景，但就哲學來說卻是荒蕪的歲月。尼采不但尚未被超越，他甚至尚未被理解。**至今還無人理解尼采的衰亡論，或者說，至今還無人理解尼采的道德衰亡論。**一個哲學家只有先被人理解，然後才能被人超越。**

一旦有一位哲學家理解了尼采的哲學，並借助其他思想家的力量超越了他的哲學，尼采的影響就會迅速結束。我們的時代需要借助尼采之後的偉大心理學家的力量才能超越尼采。一旦我們站在巨人的肩膀上，我們就會比尼采看得更遠。

兩種哲學家

假如我們超越了尼采，我們會不會廢棄尼采的思想?在尼采超越了叔本華以後，他是否廢棄了叔本華的思想？一個哲學家在被後人超越了以後，他的著作還有什麼價值？它是只作為歷史而存在，還是繼續具有深遠的影響？**哲學家的著作與科學家的著作不同，前者往往具有深遠的影響，而後者在被後人超越以後則往往只作為歷史而存在。**

有些哲學家在闡發一個中心思想的基礎上向人類知識的其他領域擴展，叔本華和尼采都是這樣的哲學家。這些哲學家的著作並不只包含他們的中心思想，它們還包含許多枝節思想。即使在一個哲學家的中心思想被後來的哲學家超越以後，他的許多枝節思想還會繼續具有深遠的影響。例如，在叔本華的無意識理論被後來的哲學家超越以後，他的關於風格的論述仍具有深遠的影響。

另一些哲學家，如愛默生和梭羅，他們不闡發任何中心思想，他們也不向人類知識的其他領域擴展。這些哲學家的著作沒有時代限制，也因此無法被後人超越。但是，他們的著作就沒有叔本華和尼采的著作的那種深刻性和獨創性。

很久以前、很久以後

許多人相信，知識不是向前發展，而是像螃蟹一樣倒退。許多人相信，最重要的一類知識，即教人接近智慧的知識，不產生於當代，而存在於古代——存在於古代聖人那裡，如佛陀、蘇格拉底（Socrates）、基督、老子或孔子。長期以來，人們一直認為，烏托邦只存在於遙遠的過去，或只存在於神秘的黃金時代。同樣，人們也長期地相信，**智慧只存在於神秘的過去**。

西方人，尤其是年輕的西方人，對自己在西方的見聞極為反感。他們討厭世界大戰、核子武器、環境污染、物質主義和利己主義；他們不喜歡精神的緊張和壓力、醜惡的都市生活與單調的城郊生活；他們認為西方已病入膏肓。因此，他們就美化非西方的文明。他們認為，智慧不存在於現代西方，而存在於一個遙遠而古老的某個地方。他們覺得，離西方世界越遠，就離智慧越近。有人甚至寧願花上二十年的時間學習中文，以攻讀老子原著。

但與此同時，中國人卻懂得，在老子那裡是找不到救世良方的。中國人是不願花哪怕二十天的時間去攻讀老子原著的，更別提二十年了。中國人更願意向西方的聖人，如基督或蘇格拉底，尋求救世良方，而不是向東方的聖人尋求救世良方。正如西方人急於美化東方文化，中國人也急於美化西方文化。

兩百年以前，情形則完全不同。那時，西方人和中國人都認為，自己的文明在正確的軌道上前進；他們都認為，自己的國度是智慧的國度，自己的文明是唯一的文明，別的文明則一律是野蠻的。今天美化別的文明的趨勢正如昨天貶低別的文明的現象一樣愚蠢。西方和東方都從一個極端走向了另一個極端——從藐視別的文明的極端到崇拜別的文明的極端。也許，現在是西方和東方都開始更冷靜、更恰當和更理智地評價各自文化的時候了。**也許，現在是西方和東方都開始恢復他們曾經有過的對自己文化的尊敬的時候了。**

實用與神秘

人們可以對哲學採取這樣的二分法：實用哲學和神秘哲學，今世哲學和來世哲學。中國人用「孔孟—老莊」，即孔子與孟子的實用哲學和老子與莊子的神秘哲學，來形容這樣的二分法。在古代希臘，柏拉圖和亞里士多德試圖理解世界，他們的哲學是實用哲學。相反，斯多葛（Stoics）和伊壁鳩魯（Epicureans）對外部世界視而不見，只追求內心世界的平和。

我們也可以對宗教採取同樣的二分法：帶有實用色彩的宗教和帶有神秘色彩的宗教。佛教、道教和基督教偏重來世，具有神秘色彩；儒家注重今生，較為實用。基督教起初的對象是奴隸、受壓迫者和生活在社會最底層的人。這些人在現實世界裡看不到成功的希望，便因此受到注重來世的宗教的極大吸引。相反，異教和儒家則更符合統治階級和現存機構的需要。

假如說，智慧在於內心的寧靜，那麼，神秘哲學就比實用哲學更高明。但是，假如說，智慧在於知識、奮鬥和成就，那麼，實用哲學就比神秘哲學更高明。最後，誰能把二者相結合，誰就最高明。

引進文化和移植文化

羅馬求學於希臘，而後產生了第一流的詩人，但卻從未產生過與希臘重要哲學家並駕齊驅的哲學家。日本求學於中國，而後產生了第一流的詩人和文學家，但卻從未產生過與中國重要哲學家並駕齊驅的哲學家。俄國求學於西歐國家，而後產生了第一流的文學家，但卻從未產生過與西歐重要哲學家並駕齊驅的哲學家。我們可以從這三個例子看出，**引進的文化可能獲得豐富性和創造性，但卻無力產生第一流的哲學家**。

移植文化，如美國、澳大利亞和一些殖民地的文化，往往不如引進文化健康；這些文化往往無力獲得引進文化的那種豐富性和創造性，其弱點在藝術和哲學的領域裡都明顯可見。文化不可能在未開化和非文明的土地上發展。當殖民者到達這樣一片土地時，他們全神貫注於試圖生存、實際事物和開發土地等；他們對要求穩定性和消遣性的文化不感興趣。隨著土地的不斷開發，人們對文化的興趣逐漸有所增長。美國的新英格蘭地區是土地最早被開發和文明最早植根的地區，美國文化就始發於新英格蘭地區。

文化不會永遠停留在不成熟階段，引進文化和移植文化最終都會走向成熟。

哲學復興

當社會缺少一套信仰體系、人們無可信奉時，哲學就得到充分發展。比如，在古代希臘，當多神論的信仰體系不再流行時，哲學就得到充分發展。再比如，在中國的戰國時期，當貴族文化業已瓦解，人們無可信奉時，哲學也得到充分發展。

在人們無可信奉時，哲學得到充分發展，而當社會有一個現存的、對一切重要哲學問題提供答案的信仰體系時，哲學就停止發展。比如，當孔子的世界觀在中國被廣泛接受時，哲學就停止了發展。同樣，在中世紀，當基督教世界觀在西方被廣泛接受時，哲學也停止了發展。

基督教世界觀在當代的解體促進了哲學的發展。基督教世界觀的解體使西方人無可信奉，使他們有一種空虛感。雷南（Ernest Renan）對自己在一八五〇年時的思想狀態有如下的描述：「一旦基督教對我來說是不再可信的了，我就對其他的一切也失去了興趣。所有的一切都顯得那麼低級、那麼不值得一顧……我有一種空虛感、一種徹底崩潰的感覺。」③ 基督教世界觀的解體促使了哲學的空白——虛無主義的產生。尼采就是被這種虛無主義所激勵、用自己的思想來填補這個空白的。當今的世界缺少一個現存的信仰體系，因此，我們可以期待哲學在當代充分發展。當代的哲學家將像尼采那樣，被當代社會缺少信仰體系的現實所激勵，他們將以全新的眼光看待世界。

註釋

① 《論文集》，蒙田著（Montaigne, *Essays*, "On the Education of Children"）。愛默生關於蒙田的論述見《愛默生文章選萃》，布力斯・派麗編（*The Heart of Emerson's Journals*, edited by Bliss Perry, journal entries of 12/25/31 and 3/43）。福樓拜的論述見其《書信集》（*Letters*, 6/57）。尼采的論述見其《不合時宜的看法》（*Untimely Essays*, "Schopenhauer As Educator", 2）。

② 《叔本華：他的一生和他的哲學》，H・欽莫曼著（Quoted in H. Zimmern, *Schopenhauer: His*

Life and Philosophy, 5）。

③《回憶錄》，俄爾尼斯・雷南著（Ernest Renan, *Memoirs*, "Farewell To St. Sulpice"）。

文學

Literature

一本好書有許多父親、也有許多孩子。

作家的目標

以藝術求簡潔。

好的文學風格就像衝擊沙灘的海浪，簡單而有力。

關於簡潔

拉布呂耶爾知道，許多作家都有這樣一個毛病，即用複雜的語言表達簡單的思想。他勸告人們道：「假如你想說天在下雨，你就說『天在下雨』」。簡潔是好文章的標誌，也是文化的其他分支質量優異的標誌。以建築為例，古希臘建築最突出的特點就是簡潔。

古希臘人認為簡潔不僅是文化美，也是道德美。柏拉圖指出：「風格美、和諧、優雅和絕妙的節奏都取決於是否簡潔——我指的是一個正直、高貴、高度理性的頭腦和性格所表現出來的那種真正的簡潔。」①假如說現代建築、現代散文、現代文化和現代人的頭腦缺乏一種質量的話，它們所缺乏的就是簡潔。

關於清晰

嚴肅的作家力爭讀者的理解，力求言簡意賅。與此相反，劣等作家只想聽讀者的驚嘆：「多大量的詞彙！多大的學問！真是個天才呀！」他們對自己的意思是否明確不甚關心。壞文章最顯著的標誌是，在常用詞可以表達清楚的情況下不使用常用詞，而使用非常用詞。

重複使用某些字詞可以達到文意清晰、明確的目的。對讀者來說，重複比花樣翻新更容易理解。正如弗朗斯（Anatole France）所說的：「在我的文章中，你會發現我多次地反覆使用一個詞。這個詞就好比是交響樂中的主旋律。小心別刪掉它，也別用同義詞代替它。」②就文體而言，一個最普遍的錯誤做法是避免重複，並用同義詞代替前面使用過的詞。

但是，僅僅文意清晰還不足以構成好文章。清晰一定要伴之以簡練。**好文章可以簡練到每一個詞都具有加重語氣的重要性。**

五種技巧

一個好作家會巧妙而有效地運用五種寫作技巧，這五種技巧是呼喚、命令、設問、感嘆和重複。呼喚也稱作呼格。命令，也就是告訴某人做什麼，也稱作祈使格。

莎士比亞讓茱麗葉說：「羅密歐，拋棄你的姓名吧！」這裡，他就先使用了呼格，然後使用了祈使格。梅爾維爾（Herman Melville）寫道：「南塔基特到了！快把地圖拿出來看看！」這裡，他示範了怎樣使用呼格和祈使格。梭羅給我們樹立了使用重複和感嘆的榜樣。他寫道：「簡單、簡單、再簡單！我說，瑣事最好是越少越好，而不要多如牛毛。」維吉爾（Vergil）在一行詩句中使用了三種技巧，即重複、呼喚和設問：「啊，柯力丹，柯力丹，是什麼使你如此瘋狂？」③卡夫卡（Franz Kafka）在小說《城堡》（*The Castle*）中使用了四種技巧，即呼喚、設問、感嘆和重複：「弗麗達，你聽見了嗎？他、他想跟克萊姆，他想跟克萊姆談的是關於你的事！」

最佳風格

雖然給寫作風格訂規則是可能的，雖然描述理想的寫作風格也是可能的，但偉大文章的產生卻不可能用教的。風格是個性的體現。偉大的作家不循規蹈矩，他們按照自己的趣味寫作。偉大的作家是先天生成的，而不是後天練就的。

風格與內容一樣重要。文學是風格與內容的結合。只有無知的人才忽略風格，只有迂腐的學者才忽略內容。為了追求風格而講究風格是矯揉造作。風格應該是表達思想的工具。要寫得好，就必須有話說。有話可說、有深刻的思想和有力的論據，就自然有好的風格。**偉大的文體家也是偉大的思想家，偉大的思想家也是偉大的文體家**。柏拉圖、齊克果和尼采分別被尊為希臘風格、丹麥風格和德意志風格的模式，他們也是這三個民族迄今所產生的最深刻的思想家。愛默生是美國所產生的最深刻的思想家，他也是美國最優秀的散文作家。

綽號、店號和廣告是日常生活的詩歌，我們可以在那裡發現許多詩歌寫作的技巧。

讀者與作者

讀書通常意味著友誼。讀者透過讀書了解作者，假如讀者喜歡這個作者的話，他會覺得與作者有緣，這時友誼就產生了。（「異性相吸」的說法可能適用於愛情，卻不適用於友誼。友誼基於緣份，基於人的性格的相近。）有時讀書導致實際的友誼、即同代人之間的友誼。比如，愛默生和卡萊爾（Thomas Carlyle）就是在愛默生讀了卡萊爾的書以後結為好友的。然而，更經常的是讀書導致相距遙遠的人們之間的友誼——這個距離可能是空間的，也可能是時間的。

作家有時不以朋友的形象、而以父親的形象出現。歌德把莎士比亞看作父親，尼采把叔本華看作父親。當一個讀者把一位作家理想化時，他往往想模仿這位作家，想像這位作家那樣生活。比如，年輕的雨果（Victor Hugo）就說，他要麼做「夏多布里昂」（Vicomte de Chateaubriand），要麼寧願一事無成。年輕的讀者嫉羨他仰慕的作家所獲得的成就，他也想獲得同樣的成就。當他想到在他和他所仰慕的作家之間還有很大一段距離時，他會覺得喪氣。這很像一個珠穆朗瑪峰的攀登者，他覺得自己必須盡最大的努力達到目的，哪怕體力不支，也在所不惜。

現在的兒子是將來的父親。現在崇敬作家的青年可能有一天也會成為作家。尼采意識到將來有一天自己也會被人偶像化，也會成為被人嫉妒的父親，正如他過去把叔本華看作自己的父親一樣。所以，尼采就讓《查拉圖斯特拉如是說》（*Thus Spoke Zarathustra*）中年輕的主人公這樣說：「是對你的**嫉妒**毀滅了我。」④自我滿足使生活輕鬆愉快，而嫉妒使生活痛苦不堪。偉大在痛苦中生成。**對自己的不滿和對他人的崇敬激勵人完成偉大的事業**。如果嫉妒並不在於把他人降低到自己的水平，而在於把自己提高到他人的水平，那麼嫉妒就有積極意義。所有的偉人在青年時代都嫉妒過他人、都對自己不滿過、或都受到嫉妒和不滿的激勵而去完成偉大的事業。所有的偉人在青年時代都敬畏偉人。

文學的目的是什麼？

一般來說，文學的目的與藝術的目的一樣，是使生活對人們更愜意美好，更豐富有趣。藝術使人們快樂，藝術使人們興奮，它不必有教育作用，也不必有道德、宗教、政治或哲學的意義。一個作曲家不用他的音樂教育人，偉大的文學家也不用他們的文學教育人。

美有統一標準嗎？

美不是永恆的，也沒有一個統一的標準。美隨著時間和距離的改變而改變。古希臘作家對現代讀者吸引力不大，現代人之中只有學者對古希臘作家感興趣。同樣的，莎士比亞也總有一天會只吸引學者。西方人很少有欣賞東方文學的，中國和日本的詩人在西方的讀者也為數不多。

西方人對東方繪畫則比對東方文學表現出更大的興趣。美術的美比文學的美涉及得更遠，也延續得更久。音樂的美又比美術的美延續得更久。**音樂是所有藝術形式中最具有普遍意義和永恆意義的一種。**

受過教育的門外漢

學者的文化不是健康的文化，津津樂道於古典美的文化不是健康的文化，只吸引教育資歷淺顯的人的大眾文化也不是健康的文化。最好的文化是吸引教育資歷深厚、又不從事專門文學研究的人的文化。最好的文化即重視對古典文化的研究，又重視當代藝術家的貢獻。最好的文化力求避免學者文化的枯燥，也力求避免大眾文化的粗俗。當代文化是一種不健康的文化，它不是教育資歷深厚、又不從事專門文學研究的人的文化。當代文化一半是枯燥的學者文化，一半是粗俗的大眾文化。

歌德

歌德的小說對現代讀者吸引力不大。紀德（Gide Andre Gidé）曾說歌德的小說「令人難以置信地無聊」。他還說，歌德「現在肯定不會寫這樣的小說。」⑤跟歌德的小說一樣，司考特（Sir Walter Scott）的小說也使現代讀者感到乏味，而司考特的小說曾一度被認為是不朽的經典。小說的發展進步了，這種進步使許多早期的作家，如司考特和歌德，黯然失色。舊的理論認為，藝術不像科學，藝術是永恆的，是無進步可言的。小說的發展使人對這種理論產生懷疑。

歌德的詩歌也和大多數詩歌一樣，對讀譯文的讀者來說沒有什麼吸引力。（正如佛洛斯特（Robert Frost）所說：「詩歌一經翻譯就面目全非了。」）對於那些讀譯文的讀者來說，歌德最好的作品是他的自傳和由艾克曼（Eckermann）記錄的談話錄。歌德的自傳跟盧梭（Jean Jacques Rousseau）的自傳一樣趣味橫生，他與艾克曼的談話錄比包斯維爾（James Boswell）的《約翰遜的一生》（*Life of Johnson*）更有意思。

書信

十五世紀初，人們爭先恐後地收集伊拉斯謨斯（Erasmus）的書信。巴黎人也爭相傳閱伏爾泰（Voltaire）在福爾尼寫的生動有趣、妙語連珠的書信。據說，伏爾泰的書信集反映了伏爾泰寫作的最佳水準，福樓拜的書信集也反映了福樓拜寫作的最佳水準。書信的形式給予作家一種寫作自由，這種自由是其他文學樣式所無法提供的。

最有趣的文學是最富有個人色彩的文學，如傳記、自傳、日記、書信集和談話錄等。

一個作家可以為讀者提供的最珍貴的服務之一就是，使讀者注意到別的好作家。

逐漸成熟的欣賞能力

心理學家常說，個人的成長歷程總的說來是整個人類發展過程的重演。個人的成長重演人類宗教的發展，它以泛靈論（animism）及圖騰主義（totemism）等最初期的宗教形式開始，也就是說，一個人在其生命的早期，相信無生命物體和動物都具有與他相似的思想和感情。**個人的成長重演人類文學的發展，它以童話及動物寓言等最初期的文學形式開始。**一個人在十歲左右，從童話階段逐漸過渡到神話階段，就像人類也曾經從童話階段逐漸過渡到神話階段一樣。在十五歲左右，我們就能夠欣賞早期的小說家，如狄福（Defoe）和杜馬（Dumas）之類。在二十歲左右，我們就能夠欣賞後來的小說家，如杜斯妥也夫斯基（Fyodor Dostoyevsky）和托爾斯泰（Leo Tolstoy）。直到二十五歲左右，我們才能欣賞二十世紀的小說家，如普魯斯特（Marcel Proust）和喬哀思（James Joyce）。

契訶夫

契訶夫（Anton Chekhov）的人物對生活充滿浪漫的憧憬，但這種憧憬又被日常生活的現實所擊破。無論這些人物在哪裡忙於何種事務，他們總是希望自己在另外一個地方忙於另外一件事情。這使人想起蘇格拉底關於婚姻的一句名言：假如你結了婚，你會後悔。假如你不結婚，你也會後悔。這也使人想起福樓拜的一個有名的人物，即發現現實總是與她的理想不符的包法利夫人。契訶夫準是受了福樓拜的影響。契訶夫小說〈決鬥〉（The Duel）中的人物雷也夫斯基是契訶夫人物的典型代表。契訶夫寫道：「兩年前，當﹝雷也夫斯基﹞愛上娜蒂亞的時侯，他認為只要他到高加索去和她生活在一起，他就會擺脫生活的粗俗和空虛。現在他跟以前一樣地堅信，只要他離開娜蒂亞，到彼得堡去，他就會得到他所需要的一切。」

契訶夫和許多現代作家和現代畫家一樣，不描寫實際的現實，而描寫人所理解的現實。托爾斯泰把契訶夫稱作「印象派」。例如，契訶夫在描寫一個女人時，不描寫她的個性特徵，而描寫這個女人給別人的印象。他這樣描寫他的一個人物：由於她總是跟她的狗形影不離，人們叫她「牽狗的女人」。

契訶夫認為，藝術應當是現實的真實反映。從這一點來說，契訶夫跟其他一些十九世紀的作家很相似，如易卜生（Henrik Ibsen）、福樓拜和左拉（Emile Zola）等。契訶夫還擅長細節描寫。在他的小說中，局部比整體更重要。

契訶夫跟卡夫卡一樣，也描寫生活的荒誕，但是契訶夫卻不像卡夫卡那樣偏重想像，他更注重現實主義的描述。契訶夫的創作基於他平時觀察生活所作的筆記，而卡夫卡的創作則基於他的無意識或他的靈感的發揮。

卡夫卡

哲學家們一般也只有一個主要思想，這個主要思想是他們的哲學的中心。同樣，文學家們一般只有一個中心思想，這個中心思想貫穿於他們所有的文學作品。

拿卡夫卡來說，他的中心思想是個人被龐大的機構、碩大而無生命的物體、巨大的人群和世界的荒唐所淹沒。這個主題在《審判》（*The Trial*）和《城堡》中尤其突出。這個主題在卡夫卡的小說《美國》（*Amerika*）和他其他的小說中，雖然不像它在《審判》和《城堡》中那樣無處不在，但也是反覆出現的。在小說《美國》中，龐大機構的象徵是西方大酒店和奧克拉荷馬大劇院，這兩者都是「巨大無比的」。碩大而無生命物體的象徵是那個有著「望不到盡頭的樓梯」和「曲折拐彎的走廊」的海上遊船。

喬哀思的文體新奇而古怪，普魯斯特的字斟而句酌，卡夫卡的則簡潔而具有古典美，卡夫卡也因此而較喬伊斯和普魯斯特更為讀者所喜愛。

大部份現代作家的創作不遠離現實，並多以自己的生活為原型。然而，卡夫卡創造的世界卻遠離真實世界，他的作品的想像力是極為罕見的。人們可以把莎士比亞充滿哲理的對白、托爾斯泰對心理的描述、杜斯妥也夫斯基對無神論的論述和普魯斯特對愛情、死亡與藝術的見解編撰成一部精萃的短文集。但卡夫卡的作品卻絕無類似的評論、見解或思想。摘錄或引用卡夫卡是不可能的。卡夫卡不試圖理解世界，他創造反映心理現實的幻想世界。

促使卡夫卡作品風格形成的因素之一是近代龐大政府官僚機構的發展。卡夫卡自己就做過政府職員。第二個因素是果戈里（Nikolai Gogol）小說的影響，果戈里的小說通常以陷於荒唐窘境的主人公開始，卡夫卡的小說也是這樣。比如，〈蛻變〉（The Metamorphosis）和《審判》就是如此。第三個因素與卡夫卡的父親有關。他的父親是一個雄心勃勃並慣於發號施令的人，他使卡夫卡倍感負疚、謙卑和軟弱。第四個因素是卡夫卡猶太人的家庭背景。猶太人的背景使卡夫卡的軟弱感有增無減。

然而，卡夫卡在幽默中為自己的痛苦、負疚感和軟弱感找到了解脫。**卡夫卡之所以是一位不凡的作家是因為他具有不凡的幽默感。**正如弗洛依德所說：「並不是所有的人都具有幽默的能力。幽默是難能可貴的天賦。」⑥

福樓拜

卡夫卡個性的主要特徵是幽默，福樓拜個性的主要特徵則是高傲。福樓拜對自己致力於文學創作無比自豪，他甚至對自己的作品是否得到世人的稱頌不屑一顧。他曾說：「說到結果或成功，誰在乎呢？在這個世界上，最重要的是保持自己的精神境界、避免陷入小資產階級和民眾喧鬧的泥潭。致力於文學藝術令人感到驕傲，而人的驕傲永遠不會是多餘的。這就是我的哲學。」⑦

福樓拜鄙視中產階級物質主義價值觀。他的《濫調集》（*Dictionary of Platitudes*）和他的人物歐梅先生（M. Homais）都是對中產階級的嘲諷。福樓拜和易卜生一樣，也反對當時的民主浪潮。他對平等思想和普選權很不以為然。他對雷南說：「謝謝你挺身而出反對民主平等權利。在我看來，那是一顆毀滅世界的種子。」⑧

福樓拜和其他許多偉大作家一樣，也重視對經典的研究並藐視新聞寫作。他對新聞寫作的藐視使他恨不得立即禁止印刷術的使用。他說：「假如皇帝明天就禁止印刷，我願一路長跪到巴黎，感激涕零地親吻他的屁股。」⑨他預見到，總有一天民主思潮和大眾宣傳媒介的發展會給文化的未來蒙上陰影。

福樓拜和普魯斯特一樣，把文學視為宗教。文學使福樓拜的生活充滿意義並富有挑戰性，它使福樓拜有所尊崇並有所自豪。文學使福樓拜高高地淩駕於世俗之上，它幫助福樓拜把握生活，也幫助他正視死亡。**福樓拜的例子說明，現代人也可以借助文學的力量來建立一種新的宗教。**這種宗教將填補由於基督教的衰落而造成的空白，這種宗教不以上帝、聖書或神諭為基礎，而以哲學、心理學和文學藝術為基礎。

客觀性與主觀性

福樓拜認為文學不應帶有個人色彩，文學不應成為作家表達個人情感和描述個人經歷的工具。這種看法在十九世紀末頗為流行，它是對浪漫主義的一種反動，是對主觀的和表現個人的寫作手法這一浪漫主義傾向的反動。從福樓拜的時代至今，有許多作家和批評家贊同文學應當是客觀的這一觀點。支持客觀文學理論的人可以說，優秀的文學是客觀的文學。比如，荷馬（Homer）的作品就不表現作者的個人情感，也不描述作者的個人經歷。反對客觀文學理論的人可以說，優秀的文學是帶有個人色彩的主觀的文學。大多數中世紀以來的西方文學作品都帶有主觀色彩。易卜生就是一例。易卜生說：「你想要客觀，就去看實物吧。要想了解我，就請讀我的書。」[10]偉大的文學既可是客觀的，也可是主觀的，正如偉大的文學既可是現實的，也可是非現實的一樣。

杜斯妥也夫斯基

杜斯妥也夫斯基的寫作是主觀的；他作品中眾多的人物性格表現了他本人性格的各個方面。例如，《卡拉馬助夫兄弟們》（*The Brothers Karamazov*）中的幾個主要人物就都表現杜斯妥也夫斯基本人性格的各個方面：德米特里是個倒楣的賭徒（杜氏本人也是如此），伊凡是個因不虔心信教而自我折磨的記者（杜氏本人也是如此），斯麥爾佳科夫患有癲癇症（杜氏本人也是如此）等等。杜斯妥也夫斯基筆下的許多人物性格中都有虐待狂和受虐狂的傾向，這是因為他本人性格中也有虐待狂和受虐狂的傾向。例如，〈溫順的女性〉（A Gentle Creature）的主人公說：「我既折磨自己，也折磨別人。」

受虐狂的性格傾向使杜斯妥也夫斯基的許多男主人公愛上身有殘疾的女人。這些人物苛刻的超我（super-ego）使他們無法和正常的女人產生戀愛關係。受虐狂的性格傾向還使杜斯妥也夫斯基的許多人物成為插科打諢、自我嘲弄的小丑；這種人往往從當眾羞辱自己中獲得快感。我們可以把杜斯妥也夫斯基與約翰遜的傳記作者包斯維爾作一個比較：兩人都有一個專制的父親；兩人的超我都不健全；兩人都時常經歷嚴重的自我虐待；兩人也都傾向於自我嘲弄。

杜斯妥也夫斯基的最大錯誤在於他過份擴大對自己的心理分析，以至於到了病態的地步。當我們把杜斯妥也夫斯基和托爾斯泰相比較時，我們就會發現杜斯妥也夫斯基的這一錯誤尤其明顯。托爾斯泰不但具有杜斯妥也夫斯基的深刻和敏銳的洞察力，他還具有杜斯妥也夫斯基所缺乏的簡潔和寧靜。

托爾斯泰

杜斯妥也夫斯基擅長心理觀察的事實眾所周知，而托爾斯泰在這方面的特點有時卻被人忽視。杜斯妥也夫斯基能夠理解別人，因為他深刻地分析自己複雜而又神經質的個性。托爾斯泰雖不像杜斯妥也夫斯基那麼神經質，但卻一貫精神高度集中、精力極為充沛。他經歷廣泛，又深知自己的個性，因此，托爾斯泰對他人的了解很少有人可以企及。對他人的理解來自對自己的理解，心理的洞察來自自我意識。

假如我們把托爾斯泰對人類本性的觀察和弗洛依德對人類本性的觀察作一番比較，我們就會發現他們兩人之間明顯的一致。托爾斯泰說：「（列文的母親）對他來說，是神聖的記憶。他將來的妻子必須是一個像他母親那樣的聖潔而高雅的女人。」同樣，弗洛依德也說：「男人……尋求能替代母親的女人。這種尋求從他的孩提時代就佔據他全部的身心。」

托爾斯泰談到「只有一個深愛著的男人才會有報復性的憤怒」。他還說：「愛之終結是恨之開始。」同樣，弗洛依德也說：「愛與恨令人驚奇地不可分割。在許多情形下，愛變成恨，恨變成愛。」

弗洛依德在朵拉的病例分析中指出：「性的吸引使父親與女兒更親近，使母親與兒子更親近。」托爾斯泰則在以下的描述中討論這種「性的吸引」。「小女孩是父親的寵兒，她大膽地跑上去擁抱父親……『早上好，』父親朝兒子笑笑……他意識到自己對兒子並不那麼喜愛，便試圖做出公平的樣子。但是，男孩子感覺到這一點。他對父親冰冷的微笑絲毫沒有反應。」

偉大的思想家通常會分別得出同樣的結論。思想家的思想一般來自個人的經歷或對他人的觀察。由於人類的本性不隨時間和地點的更動而改變，思想家的經歷和觀察往往是相似的。真理放之四海而皆準。

偉大的思想家的見解往往是一致的，一般人的經歷也往往與偉大思想家的觀察一致。這裡，我們又一次看到，真理放之四海而皆準。人們從個人經歷中得出的觀察可以在書本中得到證實，書本上的思想也可以在人們的經歷中得到證實。

喬哀思

托爾斯泰和杜斯妥也夫斯基的小說表達個人的思想並反映作者對寧靜的精神生活的追求，喬哀思的小說則有不同的目的。喬哀思說：「《尤里西斯》（*Ulysses*）基本上是一部幽默作品。」他還說：「《芬尼根守靈記》（*Finnegans Wake*）旨在讓人發笑。」顯然，《尤里西斯》和《芬尼根守靈記》屬於佩特羅尼烏斯（Petronius）、拉伯雷（Françios Rabelais）和斯特恩（Sterne）的喜劇傳統，而喬哀思的短篇小說則以簡潔、清新的現實主義風格使人聯想起契訶夫的短篇小說。

喬哀思對哲學和政治毫無興趣。他討厭蕭伯納（George Bernard Shaw），因為蕭伯納用自己的戲劇說教。當第二次世界大戰開始時，喬哀思的弟弟問他對政治形勢有什麼看法，他說：「我對政治不感興趣。我所感興趣的只是風格。」

喬哀思和易卜生、托爾斯泰、普魯斯特等許多虛構文學作家一樣，對靈學現象進行觀察和描述。例如，在《一個藝術家的畫像》（*A Portrait of the Artist*）中，斯蒂芬·戴德勒斯躺在床上，想著他的女朋友，他尋思著他的女朋友在做什麼：「也許與此同時，她的靈魂也正以精神的神秘力量感受著他的崇拜？……她感覺到他的意願，從甜蜜的睡夢中醒來。」喬哀思對靈學的興趣把他與卡夫卡區別開來。卡夫卡從不討論靈學、美學或宗教。卡夫卡留連於幻想的世界，且從不放棄它。

聲響在喬哀思的散文中有它在現代詩人詩歌中同等重要的地位。不足為奇，喬哀思自己也是詩人。喬哀思消滅了、或至少是混淆了詩歌與散文的界限。人說詩歌不可譯，喬哀思的散文也不可譯。人說詩歌可反覆吟誦，喬哀思的散文也可反覆吟誦。

普魯斯特的風格令人想起畫家（他給他的一部小說中的一章命名為「海景」），喬哀思則令人想起音樂家。喬哀思經常援引別的作家，也經常援引自己的作品，這就像音樂家在音樂創作中經常援引前面出現的主題樂一樣。喬哀思很像古代詩人，他們經常援引過去詩人的作品，也經常援引自己作品中前面出現過的詩句。

普魯斯特

也許我們可以說卡夫卡是幽默型，喬哀思是喜劇型，普魯斯特是懷舊型。卡夫卡式的幽默掩藏著痛苦與嚴肅。不能想像卡夫卡開喬哀思式的猥褻的玩笑。喬哀思式的喜劇感則表現歡樂，不表現痛苦。他說，文學「應該表現神聖的歡樂精神」。

普魯斯特的懷舊有兩個起因：一是他把自己與世隔絕，二是他對母親的依戀。他在寫他的鉅著時，把自己封閉在巴黎的一間佈滿了瓶塞的公寓裡，完全地與世隔絕。這種與世隔絕的處境必定引起人對過去的懷念。普魯斯特對他的母親有一種異常的依戀。在他母親去世以後，普魯斯特對女佣說：「如果我能與母親相見黃泉，我就死而無憾了。」普魯斯特對母親的依戀和與現世的隔絕一起促成了他作品的懷舊情調。

普魯斯特作品的一個重大主題是觀念論（idealism）。換句話說，普魯斯特認為，世界只是人對世界的看法。他在描寫巴爾貝克和蓋爾芒特公爵夫人時，並不大注重對這兩個人物本身的描寫，倒更著重敘述人對這兩個人物的看法。他描述的主題是敘述人的感情和思想。因此，我們可以說普魯斯特和塞萬提斯（Cervantes）有共同之處。塞萬提斯描述的主題不是世界本身，而是唐吉珂德（Don Quixote）眼中的世界。

不同的是，唐吉珂德眼中的世界是不變的，而普魯斯特的敘述人對世界的看法卻不斷變化。例如，他的敘述人對阿爾伯蒂的態度就隨時光的流逝而變化。雖然這個敘述人一度迷戀過阿爾伯蒂，並在阿爾伯蒂出走時受到嚴重的打擊，但他最終還是把阿爾伯蒂忘在了腦後，並對她無動於衷。普魯斯特描述了時間怎樣改變人對世界的看法，也描述了時間怎樣改變世界本身。

普魯斯特的作品多性格分析，少情節描述。他的敘述不緊不慢，且多有停頓，就好像兩個正在散步的人完全沉浸在交談中，不知不覺地停了下來。普魯斯特的特殊風格與他的特殊個性有關。他過份地講究文字，他的文體複雜深奧、晦澀難懂。

在所有的虛構文學作家中，普魯斯特是最具有宗教色彩的。他創造了自己的宗教，一種以文學藝術為基礎的宗教。普魯斯特的宗教和其他宗教一樣，為生命正名、教人正視死亡、教人對死後復生或長生不老寄予希望。

普魯斯特是一個深刻的思想家。他能教會人們怎樣對待生活、怎樣對待時光的流逝和怎樣對待死亡。他的作品所包含的哲學思考比任何二十世紀哲學家的著作所包含的哲學思考都要多。然而，普魯斯特卻不是托爾斯泰和杜斯妥也夫斯基式的思想家，他的作品沒有關於上帝的探討。他的思考不是哲學家式的沉思，他的思考是從感覺和感情出發的思考。

死亡的慾望

悲劇表現痛苦，這種痛苦使悲劇人物寧願一死。為什麼人們會從觀看悲劇中得到享受呢？為什麼人們會從對痛苦的表現中得到享受呢？

痛苦是人類的一種普遍經驗。沒有痛苦的生活是不可能的。當痛苦達到一定的程度時，人就會想到死或自殺。**幾乎每個人都在生活的此時或彼時想到過自殺。**經歷痛苦和期待死亡強化並深化人的個性。**威廉·詹姆斯**（William James）**說過：「從未想到過自殺的人對生活一無所知。」**假如一個人從未經歷過痛苦，或從未想到過自殺，這個人就不可能成熟或獲得性格的力量，這個人就不可能有所成就。一個人在經歷了痛苦並產生了死的念頭之後，往往會做出果斷的決定。痛苦的經歷和欲死之念使人無畏；人的果斷決定或行動是無畏的結果；正如約翰遜（Samuel Johnson）所說：「人在決定結束自己的生命之後，便無所畏懼了。」

人在經歷了痛苦或產生了死念之後，往往會果斷地決定皈依宗教。例如，托爾斯泰的皈依宗教就發生在他經歷了痛苦並產生了死念以後。他曾這樣描述自己皈依宗教以前的精神狀態：「你看我……為了不上吊自殺而不得不把繩索藏起來。」

人在經歷了痛苦或產生了死念之後，往往會果斷地決定去犯罪。罪犯往往在痛苦的逼迫下捫心自問：「我有什麼可丟失的？既然不想活了，何必不臨死前滿足一下犯罪的慾望呢？」因此，他就決定犯罪。大規模屠殺的凶犯總是在殺癮過後自殺身亡。斯丹達爾（Stendhal）在思忖自殺的時侯，想到過暗殺路易十八，為的是使自己「痛苦得有意義」，或說死得其所。

人在經歷了痛苦或產生了死念之後，還往往會果斷地決定滿足性慾。性交與死密切相關。人害怕性交就像害怕死亡一樣。低級動物，比如昆蟲，就往往在交配的過程中死去。按照〈創世紀〉的記載，是人的性活動把死亡帶給了世界。人們有時把性高潮叫做「死過一回」。蘭克（Otto Rank）說過：「強迫型神經病患者由於怕死而避免性交。」㉑假如一個人從未經歷過痛苦或從未產生過死念，他就不具備性活動所需的性格的勇氣和力量。除了皈依宗教、犯罪和滿足性慾以外，人在經歷了痛苦或產生了死念之後，還會做出其他決定。痛苦使人無畏，無畏使人行動果決。

悲劇表現痛苦，這種痛苦使悲劇人物寧願一死。悲劇人物的痛苦和他寧死的決心使他有勇氣採取果斷行動。悲劇的觀眾與悲劇人物產生共鳴，他們在想像中也經歷痛苦，也產生寧死的決心。雖然觀眾的痛苦經歷和寧死的決心是想像中的，但這也使他們體驗到採取果斷行動的勇氣和渴望生命的慾望。

精神的鬆垮

痛苦增強一個人的道德精神。同樣，痛苦、戰爭與貧困也增強一個國家的道德精神。舒適、和平及富足使現代人的道德精神日益鬆垮。

英雄人物

史詩與悲劇有著密切的關係。史詩和悲劇都表現比現實生活中的人更高貴的人。在史詩和悲劇作者的腦海中，有一個理想人物或英雄人物，而現代虛構文學作家卻對人缺乏高度認識，因此，他們就不寫悲劇與史詩。他們傾向於病態的或喜劇式的創作，傾向於以貶低或諷刺的方式描寫人。在現代文學躲避對英雄人物的描寫，轉向病態的和喜劇式的創作時，現代繪畫和現代雕塑則躲避對英雄人物的刻劃，轉向虛無主義，現代音樂則躲避對英雄人物的歌頌，轉向享樂主義。

註釋

① 《理想國》，柏拉圖著（Plato, *Republic*, 3）。

② 《安尼東・弗朗斯其人》，讓・雅克・布魯松著（Jean Jacques Brousson, *Anatole France Himself*, "The Scissors"）。

③ 《白鯨記》，梅爾維爾著（Melville, *Moby Dick*, 14）；《華爾登湖》，梭羅著（Thoreau,

Walden, 2）；《牧歌》，維吉爾著（Vergil, *Eclogues*, 2）。

④《查拉圖斯特拉如是說》（*Thus Spoke Zarathustra*, "Of the Tree on the Mountainside"）

⑤《紀德日記摘抄：1889-1949》，查斯廷・奧布蘭編（*The Journals of André Gide*: 1889-1949, edited and abridged by Justin O' Brien, 7/25/40）。

⑥〈幽默〉（"Humour", 1928）。

⑦《書信集》（*Letters*, 2/23/73）。

⑧同上（5/76）。

⑨《福樓拜與包法利夫人：雙人畫像》，F・斯第瑪勒著（F. Steegmuller, *Flaubert and Madame Bovary: A Double Portrait*, III, 4）。

⑩《易卜生》，M・馬爾著（M. Meyer, *Henrik Ibsen*, ch. 5）。

⑪〈杜斯妥也夫斯基：癲癇症、神秘主義和同性戀〉，J. R. 梅斯著（J. R. Maze, "Dostoyevsky: Epilepsy, Mysticism, and Homosexuality," *American Imago*, summer, 1981）。

⑫關於包斯維爾，見《偉人：心理分析研究》，E・希施曼著（E. Hitschmann, *Great Men: Psychoanalytic Studies*）。杜氏愛上的三個身有殘疾的女人的人物是：拉斯科尼可夫

（Raskolnikov）、斯塔夫羅金（Stavrogin）和阿力克塞・卡拉馬助夫（Alexei Karamazov），他的三個自我嘲弄的人物是：富尤多・卡拉馬助夫（Fyodor Karamazov）、斯奈格萊夫上尉（Captain Snegirev）和賽姆揚・馬麥拉多夫（Semyon Marmeladov）。

⑬《安娜・卡列尼娜》，托爾斯泰著（Tolstoy, *Anna Karennina*, I, 27）及《性學三講》，弗洛依德著（Freud, *Three Essays on the Theory of Sexuality*, III, 5）。

⑭《戰爭與和平》、《安娜・卡列尼娜》，托爾斯泰著（Tolstoy, *War and Peace*, VIII, 3 and *Anna Karennina*, VII, 30）。弗洛依德引言的出處是《自我和原我》（Freud, *The Ego and the Id*, 4.）。

⑮〈朵拉：歇斯底里症病例分析一例〉，弗洛依德著（Freud, "Dora: An Analysis of a Case of Hysteria", I, 2）和《安娜・卡列尼娜》，托爾斯泰著（Tolstoy, *Anna Karennina*, I, 3）。

⑯關於《尤里西斯》，見《和喬哀思的談話》，阿瑟・帕爾著（*Conversations With Joyce*, by Arthur Power, 11）；關於《芬尼根守靈記》，見《詹姆斯・喬哀思》，R・愛爾曼著（*James Joyce*, by R. Ellman, ch. 36）。

⑰《詹姆斯・喬哀思》，R・愛爾曼著（*James Joyce*, by R. Ellman, ch. 36）。

⑱同上（ch. 2）。

⑲《普魯斯特先生：一個記憶》，柯萊斯悌・阿巴萊特著（*Monsieur Proust: A Memoir*, by Celeste Albaret, ch. 12）。

⑳關於威廉・詹姆斯，見《現代世界的創造者》，路易・安特麥爾著（Louis Untermeyer, *Makers of the Modern World*, "William James"）；關於約翰遜，見《約翰遜的一生》，詹姆斯・包斯維爾著（James Boswell, *The Life of Johnson*, Aetat. 64）；關於托爾斯泰，見《宗教經驗種種》，威廉・詹姆斯著（William James, *Varieties of Religious Experience*, VI, 7）。

㉑關於斯丹達爾，見其《一個自我中心者的回憶》（*Memoirs of an Egoist*, #1）；關於蘭克，見其《心理與靈魂》（*Psychology and the Soul*, 6）。

教育

Education

學術文化

文化是一個有機的整體，而學術界卻把它部門化。文化與生活不可分割，而學術界卻使它脫離生活，並把它變為一種交易。文化應該與金錢無關，而學術界卻把它商品化，使它成為一種可買可賣的貨物。

在印刷機發明之前，學生沒有教材，所以，由教授讀給學生聽；「講授」（lecture）這個詞來自拉丁文 legere，意思是「朗讀」。印刷術的發明使學生自己閱讀成為可能，因此，教授存在的理由便不存在了。約翰遜說：「人們現在有一種奇怪的想法，認為無論什麼都要透過講授來教給學生。我看不出講授比閱讀究竟好在哪裡，因為講義都是從書本上抄來的。」① **教育過程發生在作者與讀者之間，而不是學生與教授之間**。人透過閱讀，而不是透過聽課，受到教育。

學者

學術界是學者的領域，而不是真正的知識份子的領域。對於學者來說，文化是

一份工作或一個謀生的手段。對於真正的知識份子來說，文化是一種激情、一樁戀事、一個使命。真正的知識份子往往做非腦力勞動的工作以維持生計。例如，卡夫卡做過小職員，梭羅做過測量員，郝佛做過碼頭工。**對於學者來說，文化是一個職業。對於真正的知識份子來說，文化是他的生命。**學者並不是天生的做文化工作的人，別的行業可能對他們更為合適，比如法律、醫藥、商業等。真正的知識份子則是天生的做文化工作的人。不做文化工作，他就無法生存。假如文化不存在，他會創造文化。學者用他的頭腦從事文化工作，而真正的知識份子用他的生命從事文化工作。學者受社會的尊敬，真正的知識份子則與社會格格不入，受社會的排擠。學者謙恭謹慎、小心從事，真正的知識分子則驕傲、莽撞、癡情。學者過著舒適安逸的生活，真正的知識份子則整日如履薄冰。

學者寫不出經典著作。學術界出一部經典簡直是百年不遇。經典著作體現作家的個性、憐憫、悲傷、憤恨與幽默。所有這些都是學術性著作所缺乏的。經典著作是作家用激情寫成的，它引發讀者的激情。學術性著作則多冷漠、枯燥、不富人情，也引不起讀者的激情。**經典著作具有生命和活力，你割它一刀，它會流出血**

來。學術性著作則毫無生命力，你捅它一下，它只會落下灰塵。

讀與寫

學生應該多讀少寫。學寫好文章的最好辦法是閱讀好文章。就內容和風格而言，學生應該讀經典著作。今天的教授經常要求學生寫有關一個狹窄命題的論文。這種要求鼓勵學生去讀那些與狹窄命題有關的無名之作。這樣一來，學生們就不讀經典著作，就成為知識面很窄的人。

教授應該跟學生一樣，集中精力於讀書和研究經典，而不應該一味地寫作。教授應該跟學生一樣，遵循叔本華的教誨，去閱讀好作品，而不要去撰寫壞作品。現在的教授要麼把時間花在閱讀跟他們的專業有關的二流作品上，要麼就把時間花在撰寫跟他們的專業有關的二流作品上。他們感到非寫作不可。他們的口號是：「要麼出版，要麼完蛋。」學術界把文學降低到了商品交換的水平。

文學與新聞

　　當代作家不是為了後代人寫作，而是為了當代人寫作。所以，當代的大部份作品都只不過是新聞故事，而不是文學。早先的作家似乎在寫作時就堅信，自己的作品會經久不衰，後人會為它們樹碑立傳。當代作家則似乎在寫作時就料到，自己的作品會先暢銷一時，然後就報廢。早先的作家寫一封信所付出的努力比我們現在寫一本書所付出的努力還要大。他們的信比我們的書更接近於文學。**當代文學正逐漸淪為新聞寫作，正如當代教育正逐漸淪為職業教育一樣。**

什麼是經典？

　　每一代人都必須回答這個問題。**每一代人都必須重新給經典下定義。**經典這個軀體必須靠增加新的書籍來增添新鮮血液。隨著新的書籍加入經典的行列，其他的書籍就應該被削減，以免經典著作的數量太大。**舊的經典必須讓位給新的經典，**就好像一棵樹越長越高，當上面長出了新枝，下面的舊枝就死掉了。經典必須少而精，且一般人都可以閱讀。**只有讀過經典的人才算是受過教育的人。**在現代西方，由於文化被分割成專業領域，讀過經典著作的人寥寥無幾。

經典應該是舊作與新作的結合，應該是荷馬和卡夫卡的結合、莎士比亞和弗洛依德的結合。然而，現在卻有一種只視舊作為經典的趨勢。學術界總是遲遲不願封新作為經典。時間在學術界比在現實裡要慢上幾個世紀。在關於「古代與現代」的論爭中，學術界一般站在古代一邊。學術界寧願要像亞里士多德、馬基維里（Machiavelli）和霍布斯（Hobbes）那樣的古代作家，也不願要齊克果、奧特加和榮格（Carl Gustav Jung）這樣的現代作家。

現代作家與古代作家在一切方面都可以並駕齊驅，不同的只是，現代作家比古代作家更重要、更具有針對性而已。現代作家經歷了現代文明，他們能為現代文明的問題提供答案。另外，現代作家從發生在現代的知識進步中攝取了力量。比方說，尼采就可以從叔本華和達爾文的學說中獲益，而柏拉圖就無法從這些知識的進步中獲益。同樣，當代哲學家可以從弗洛依德和榮格的學說中獲益，而尼采就無法從這些知識的進步中獲益。

近來，一個新的論爭使古老的「古代與現代」的論爭大為遜色，這就是一概反對經典的論爭。按照這場論爭中的一個論點，經典是由西方的男性白種人論定的，這些人忽視了婦女和有色人種的作品。這個論點是已在政治中佔優勢的多元文化的延伸，優待婦女和優待少數民族就是多元文化的一個表現。

未出版的經典著作

當經典被公認為經典後，所有的人都會欣賞它。但是，當一部經典之作還未發表時，就沒有人來鑑識它。比方說，《在斯萬家那邊》（*Swann's Way*）就被許多出版商所拒絕，甚至連當時最著名的批評家紀德也沒有看出它的不凡。普魯斯特在受挫後，便打算自費出版《在斯萬家那邊》。但是，他的一個朋友勸他把手稿寄給另外一個出版商。這個出版商退還了手稿，並寫給普魯斯特一個條子。他說：「親愛的朋友，大概是我的資質魯鈍，但是我就是不明白，為什麼有人要用三十頁的篇幅來描寫他在床上因失眠而輾轉反側的情形。我真搞不懂。」②既然如此，普魯斯特就自費出版了《在斯萬家那邊》。對於批評家來說，最難的是在一部經典之作尚未出版之際鑑識它。大部份人都等到經典著作聲名大振了以後，才對它表示歡迎，正如大部份人都等到別人鼓起掌來，自己才也鼓起掌來一樣。只有少數人敢於帶頭鼓掌。

新型考核與新型學府

目前，有許多對學習能力和專業知識的考核，但卻沒有對人文學的一般知識或經典著作的掌握程度的考核。如果有這樣的考核，並對在這種考核中獲得優異成績的人有所獎勵，那麼，文化就會受到更多的尊敬，經典著作也會受到更多的重視。這樣的考核應該每兩、三年舉行一次。不但學生應該參加這樣的考核，成年人也應該參加這樣的考核。

在這種考核中獲得優異成績的人，應該被一種特殊的學府錄取。這種學府提供免費學習，並提倡獨立的學習精神。這種學府與那種學費昂貴、鼓勵在教授後面亦步亦趨的學習方式的現代大學完全不同。這種學府應該致力於文化的發展，而不應該像現在的大學那樣，僅僅致力於實際工作能力的訓練。這種學府向學生提供終生的，而不是僅僅幾年的支持和鼓勵，它是一種有組織的資助。雖然，這種學府也會有一切學府所具有的不足，但它會對文化的復興有所幫助。

牛津派與斯特拉特福派

當我們聽到哥白尼（Copernicus）、伽利略（Galileo）以及其他人的理論是如何被接受的時侯，當我們聽到這些理論是如何被忽略、被嘲弄、被壓制的時侯，我們認為，那樣的事情絕不會發生在我們的時代；我們認為，我們的時代是自由、開放、啟蒙、先進的時代。然而，實際上，真理的前進在現在和在過去都是一樣的緩慢。

學術界理應堅持對真理的探索，但是，它卻往往更有意於為現存的學說辯護，而無意於發現真理。學術界所為之辯護的學說之一是莎士比亞的著作的確是由斯特拉特福（Strafford）的莎士比亞所作。支持這一學說的證據幾乎等於零。相反，倒有大量的證據表明，莎士比亞的著作是牛津伯爵（Earl of Oxford）所作。大量證據表明，斯特拉特福的莎士比亞幾乎連寫字都不會，更不用提創作戲劇，也更不用提創作高質量的戲劇。但是，斯特拉特福理論仍然流行不衰。斯特拉特福理論的持續使人聯想起宗教學說的持續。

正如教會壓制異教學說一樣，學術界也壓制牛津理論。當《哈佛雜誌》（*Havard Magazine*）在一九七四年發表了一篇為牛津理論辯護的文章時，一些哈佛的教授對這家雜誌的編輯居然給牛津理論這一機會極為氣憤。牛津理論的支持者很難在學術界站得住腳。一個人要想在學術界成功，就必須維護流行的觀點並為現存的學說辯護。

在十九世紀初，許多思想家都反對斯特拉特福理論。（一個時期的主要思想家通常得出相同的結論。學術界也會得出這些結論，但那要等到許多年以後。）惠特曼（Walt Whitman）堅決反對斯特拉特福理論，他說：「我堅決反對莎克斯潑（作者注：Shaksper是斯特拉特福的莎士比亞名字的一種寫法）。我是說那個阿望河那個演戲的。」馬克・吐溫（Mark Twain）說，他「問心無愧地肯定」斯特拉特福的莎士比亞不是真正的作者。亨利・詹姆斯（Henry James）說：「神聖的威廉是這個輕信的世界所經歷的最大和最成功的騙局。我總『有點兒』擺脫不了這一信念。」

在十九世紀，歷史批評主義的潮流衝擊了宗教學說，也衝擊了斯特拉特福理論。對斯特拉特福理論的批評迫使人們詢問：「假如，莎士比亞的戲劇不是斯特拉特福的莎士比亞所作，那麼，究竟誰是這些戲劇的作者呢？」那時，有幾個原作者的人選，但沒有一個可以使人確信。終於，有一個名叫羅尼（J. T. Looney）的英國教師，為了尋找真正的作者，對這個問題做了系統的研究。他發現，莎士比亞戲劇的真正作者是牛津伯爵，並在一九二〇年發表了他的研究成果。弗洛依德在讀了羅尼的著作後說：「看來，斯特拉特福的莎士比亞沒有絲毫理由為自己的著作權辯護，而牛津伯爵卻幾乎有一切理由。」③

然而，重要思想家的意見對英語教授來說一文不值，因為，那不是專家的意見。在那些英語教授們看來，專家們知道得更多，專家們對偉大作家的理解比偉大作家對偉大作家的理解還要深刻。的確，只有專家才寫得出連篇累牘的、建立在沙灘上的、用稻草編織起來的那個斯特拉特福人的傳記故事。

關於外語

人們為什麼學外語？現在，人們學外語的目的是做生意和旅遊。但是，從前人們學外語是為了閱讀外文書籍。比如，從前人們學希臘語和拉丁語，就是為了讀希臘文和拉丁文原著。

反對為了讀外文原著而學習外語有以下幾個理由：理由之一，一個人完全可以把花費在外語學習上的大量時間用來閱讀翻譯作品。理由之二，學外語的人大多只能獲得對那門外語的粗淺的、部份的了解。但是，不管怎麼說，拉丁文是值得一學的。學習拉丁文，即使不為了讀拉丁文原著，也可以增加對英語詞法和語法的了解。如果一個人的母語屬拉丁語族，那麼，通曉拉丁文能使他提高寫作能力。

為什麼研究科學？

科學家常說，科學具有豐富的哲學意義。有的科學家甚至說，通向智慧的道路必經遙遠的星河和次原子微粒（subatomic particles）。哲學家卻持不同觀點。哲學家一般認為，科學與哲學無關，科學毫無哲學意義，科學是離題的歧途。比如，齊克果就把科學看作各個知識領域裡最微不足道的一種；奧特加也認為，科學與生活無關，它不為人提供任何可供遵循的生活準則。

科學曾經有過哲學意義。科學家曾經與宗教對峙；他們的發現與《聖經》和教會的相悖。科學家，如哥白尼，曾改變了人類的世界觀，並對舊的宗教世界觀的崩潰起了作用。但是，**一旦宗教的世界觀完全地崩潰了，科學就大體上失去了哲學意義。一八八〇年，尼采宣布上帝已死，從那時至今，科學就不再有哲學意義了。**例如，哲學家對愛因斯坦的著作就幾乎毫無興趣；海森堡（Werner Heisenberg）的「測不準原理」（Uncertainty Principle）對人文科學也毫無影響，因為人文科學從不試圖達到對任何事物絕對準確的認識。

哲學家對文明的命運比對宇宙的命運更感興趣，科學家則全力以赴地研究宇宙，對文明毫不關注。殊不知，假如文明滅亡，科學也就會滅亡，遠古的迷信就會捲土重來。

哲學一向是爭論的焦點，哲學在今天依舊是爭論的焦點。另一方面，科學雖然曾經是爭論的焦點，但現在卻不再是爭論的焦點。現代科學家不再與現行宗教對峙；他們不再遭焚燒；他們的書籍不再遭禁止。與先前科學家被社會所迫害的命運不同，現代科學家由社會所資助。正因為科學不再具有哲學意義，人們也不再對它有所爭議。科學講求實效，它的目的是增加財富、達到某些實際的目標。它只注重手段，不注重目的。現代社會政府資助科學發展的目的，不是開發智慧或促進文化發展，而是取得經濟或軍事的優勢。

科學要求專業化，它妨礙人們追求豐富的知識。奧特加曾說，專業化使現代科學家成為有學問的蠢人和野蠻人。只有人文學的廣泛教育才能使人的精神豐富起來，才能給人以生活的目的。人文學向人提供生活方式，科學只向人提供謀生手段。**人文學不僅注重知識的增長，也注重生活的質量和對人的個性的培養。**人文學影響人們的價值觀及對生活的看法。可是，當我們研究海王星的衛星和土星的光環時，我們的價值觀和我們對生活的看法不隨之改變。

不求知於遙遠
無用、晦澀與難解之物，但求於
每日生活區區之所見
此為大智。」④

註釋

①《約翰遜的一生》（*Life of Johnson*, Aetat. 57）。

②《普魯斯特：一部傳記》，安德列・毛拉著（André Maurois, *Proust: A Biography*, 9, 1）。

③《神秘的莎士比亞：神話與現實》，查爾頓・奧格本著（Charlton Ogburn, *The Mysterious William Shakespeare: The Myth and the Reality*, ch. 10）。尼采、惠悌爾、蓋爾斯沃西、俾斯麥和其他一些人也都反對斯特拉特福理論。

④《失樂園》，米爾頓著（Milton, *Paradise Lost*, VIII, 174, 191）。關於齊克果，見《齊克果日記》（*The Diary of Søren Kierkegaard*, #114, Philosophical Library, New York, 1960）。關於奧特加，見

《大學的任務》和《群眾的反叛》（*The Mission of the University*, ch. 5, and *The Revolt of the Masses*）。

4 | Conversations With Great Thinkers

倫理
Ethics

工作價值觀與民族性格

新教工作價值觀的後果之一是對工作的嗜好。「埋頭工作」——這是新教工作價值觀的格言。它的後果之二是生活節奏的加快。以這種工作價值觀為生活準則的人總是勞碌而匆忙，因為按照這種價值觀，浪費時間就是犯罪。它的後果之三是物質主義態度的出現；按照這種價值觀，重要的是工作、賺錢、發財，而不是豐富精神生活。

埋頭工作、勞碌而匆忙的生活方式、物質主義——所有這些新教工作價值觀的影響都有害於文化。工作價值觀對文化的毒害主要表現在盎格魯—美利堅國家，因為這些國家受苦行主義新教精神的影響最大。新教在德國就較少帶有苦行主義色彩。新教在法國的影響幾乎等於零，因為法國人絕大多數是天主教徒，這使他們得以避開新教工作價值觀對文化發展所產生的壞影響。法國文化質量的優異至少部份地有賴於這一點①。

文化與有閒階級

縱觀歷史，從培里克利斯（Pericles）的時代到托爾斯泰的時代，**健康的文化總是從貴族社會中產生，或者說，從存在著有閒階級的社會中產生。有閒階級不屑於工作、賺錢，卻看重文化和文化的交流。**有閒階級的成員不得不設法克服生活的無聊，他們不得不設法消磨時間。文化是有閒階級消磨時間的一種方式，文化給他們以生活的內容。儘管有閒階級不創造文化，但他們對文化的態度是嚴肅認真的。**由於有閒階級尊崇文化，他們就對藝術家與作家實行保護和資助。**維吉爾和霍雷斯就受到羅馬貴族麥西納斯（Maecenas）的保護和資助。麥西納斯的資助使維吉爾和霍雷斯（Horace）有可能把自己的全部精力貢獻給文化事業。

現代民主社會不存在有閒階級。現代社會在它的同一性，即無階級性方面是無與倫比的。現代人再也無需克服生活的無聊，他自有消磨時間的辦法，他自有消磨一生的辦法；他工作、賺錢、積累財富。現代人不滿足於只賺夠生活所需，他要賺得越多越好。現代人假裝工作是件不得已的事，而實際上一般地來說，工作對他來說，是何樂而不為，因為工作是現代人消磨時間的最佳方式。對現代人來說，工作可以打消、或用有所成就的幻覺來代替他的無用感和空虛感。此外，工作還使他得以獲取財富，並因而獲得別人對他的尊敬和他的自尊。

現在，工作不再是一種恥辱。相反，不工作才是一種恥辱。現代人把工作強調到至高無上的地步。甚至億萬富翁的兒女也寧願工作而不願過悠閒的生活。一個美國政治家的口頭禪是「只要你還有一口氣，我就要你工作」。**當今流行的烏托邦式理想是「全部就業」**，也就是說，人人都有一份全日的工作。**假如一個人斗膽不工作，他就注定要遭到輕蔑或忍受孤獨。假如一個人決定致力於文化，他就會被社會所排斥。在這種氣氛中，文化就窒息了。**

雖然我們不能成為有閒階級的一員，因為現在沒有這樣一個階級，但是，我們應該讓自己像有閒階級那樣生活。我們應該避免經商、賺錢、消費。我們應該把文化作為消遣，以文化豐富自己。這樣，時間就會放慢腳步，我們就會在欣賞文化的輕鬆愉快、饒有趣味的一面中度過每一天，我們就會懷著高尚的目的感度過每一天。這樣，我們就會像前人那樣生活，我們就會覺得我們與前人相距不遠，前人的文學、藝術以及音樂也就會在我們的心中產生共鳴。

貧乏於金錢，富足於時間。

中世紀名言

匆忙與魔鬼為伍。

有成效的悠閒

現代人把生活劃分為工作和休假。他把休假定義為無壓力、無成果的時期。現代人不懂得悠閒的意義，他不知道悠閒時期也可能是壓力重重和碩果纍纍的時期。**現代人對那些靠遺產生活的人不以為然，儘管事實上許多傑出的作家和藝術家都是靠遺產生活的。**比如說，叔本華、齊克果和普魯斯特就從來也沒自己掙過錢。

現在西方最流行的世界觀有基督教、人道主義、物質主義和環境保護主義。雖然基督教已被西方主要思想家所摒棄，但它還有許多信徒，特別是在那些教育水準較低的人中間。然而，現在西方的大多數基督徒並不狂熱地信仰基督教，他們尊崇基督教，不過是由於他們不願脫離傳統、公益精神和基督教道德觀而已。

人道主義把世界看作一個大醫院，它旨在建立一個沒有貧窮、沒有疾病、沒有飢餓的世界。人道主義只有消極的消除痛苦的目標，而沒有積極的目標。人道主義並不爭取使人類超出現有的水平，它看不到人類的偉大。

物質主義也是現代西方的一種流行哲學。按照物質主義的理論，道德的最高理想是個人發家致富，政治的最高理想是國家興旺發達。物質主義認為財富是美德的象徵，它忘記了羅斯金（John Ruskin）這句名言，「財富不足言，唯有生活高」②。物質主義不但在西方國家很流行，而且在非西方國家也很流行。非西方國家遲遲不肯接受基督教，但他們卻急不可耐地接受了物質主義。

環境保護主義把自然本身看作美，它忘記了自然是相對於人類而存在的。沒有人類和人類的意識及觀念，天空便不再蔚藍，草地便不再碧綠，月亮也便不再銀白了。環境保護主義假定人類將永遠繼續存在下去，並將繼續具備欣賞自然的能力。實際上，人類和文明的將來是不確定的。我們所關心的應該是人類和文明的將來，而不應該是自然。文明像一隻射出去的箭，它要麼上升，要麼下降。一味強調自然的結果必定是文明的衰落。

被嬌縱的兒女

美國商人在談論目標和價值觀時常說，他們為了子女而奮鬥，或說他們想讓自己的子女生活得好，或說他們想有能力送自己的子女進大學。如果父母為子女而活，子女又為誰而活呢？子女應該看到父母為一個崇高的理想而奮鬥，而不是只為他們自己。當子女們有了生活除了使他們自己過得好以外便沒有其他目標的印象時，他們就會喪失對成人的尊敬，他們就會被慣壞。現在有許多被嬌縱的孩子，他們唯自己是重，認為自己是宇宙的中心。

旅行

自古以來，思想家對旅行持批評態度。比如，**愛默生說，「旅行是傻瓜的天堂」**。雖然旅行通常不過是一種逃避現實的無效的手段，但是，人們卻總有理由喜歡旅行。當人們按照已習慣了的常規生活時，時間飛逝，生活顯得枯燥乏味。但是，在旅行途中，時間卻顯得過得很慢。叔本華說過：「旅行中的一個月似乎比在家的四個月還要長。」旅行往往促使人們做出重要決定，並往往成為人們生活中的轉折點。

年輕人常有外出旅行的慾望，這種慾望之所以產生，是因為年輕人試圖割斷那一直束縛著自己的與家人在感情上的聯繫。割斷舊的感情聯繫與建立新的感情聯繫相輔相成。外出旅行的慾望與建立新的感情聯繫的慾望有關，或者說與性的慾望有關。普魯斯特在談及旅行時，經常使用隱喻性的意象。他說：「一陣瘋狂的慾望攫住了我，我想跟沉睡的小鎮做愛。」在這裡，他故意使用小鎮（villes）這個詞，因為它和女孩（filles）這個詞諧音。同理，對旅行的反感也與對性的反感有關。康德和愛蜜莉・狄瑾生（Emily Dickinson）就從未離開過自己的出生地，他們兩人都是禁慾主義者。

年輕人外出旅行的慾望不但與性慾的促動有關，而且與以流浪為生的慾望也有關。人在年輕的時侯都經歷一個欲以流浪為生的階段。正如先前所提及的，個人的成長過程反映整個人類的發展過程。個人在成長過程中會經歷整個人類在發展過程中所經歷的階段，這包括遊牧或流浪的階段[3]。

正在消失的四種情愫

抱負、驕傲、欽敬和鄙夷往往混然而為一體，這種種情愫往往在一個人身上同時存在。然而，在當代西方人身上，抱負、驕傲、欽敬和鄙夷卻一概不見。西方人只有廉價的抱負與驕傲。他只想勝過自己的鄰人。只要他勝過自己的鄰人，他就引以為自豪了。他從不把自己與歷史人物相比較，他從無名垂青史的大志向。

欽敬與鄙夷不可分割。一個崇敬某些人的人自然就鄙視另一些人。**尼采**就注意到欽敬與鄙夷之間的聯繫，他說：「**我熱愛偉大的藐視者，因為他們同時又是偉大**

的崇敬者。」現在，人們既不崇敬任何人，也不藐視任何人。人們再也不仰視或崇敬任何人，人們認為自己和其他人是平等的。我曾聽到有人說：「如今，我們只藐視那些藐視別人的人。」

現代西方人不僅失去了對他人的鄙夷，也失去了對自己的鄙夷。對他人的欽敬往往伴之以對自己的鄙夷。**由於現代人不再仰視別人，他也不再俯視自己。**尼采指出：「最可鄙視的時代正在到來，因為人類再也不鄙視自己。」[4]最可鄙視的時代已經到來，因為現代人再也不鄙視自己。

這些情愫——抱負、驕傲、欽敬和鄙夷——一直是西方世界生命力的來源，它們使西方世界以雄厚而豐富的實力，生氣勃勃、鬥志昂揚地向無盡的未來進取。這些情愫在近代西方的消失使西方世界日益窮困、淺薄並衰落。

威脅西方的不是外族侵略、經濟衰退或環境污染。威脅西方的是精神的匱乏、思想與目標的匱乏、志向與抱負的匱乏，以及對物質的過份追求和對營利與消費的過份

追求。

經典著作

學習經典不僅在於擴充知識，也在於改善品行、提高生活水平、使個性得到發展。**學習經典使人超越物質世界和日常瑣事。學習經典使人有所尊崇、鼓舞人為崇高的目標奮鬥。**學習經典無論從倫理或智力發展的角度來說，都是重要的；**它能改善人的精神境界，也能改善人的性格。**

然而，學習經典也有不利的一面。它要求精力高度集中和艱苦努力，它有時導致對無意識的抑制，進而引起心理的不平衡。許多學者，包括韋伯（Max Weber）和穆勒（John Stuart Mill），就由於過度的智力消耗而受到精神崩潰的折磨。如果說智慧既包括廣博的知識，也包括平和的內心的話，那麼，對經典就應只作適度的研究。任何人在試圖給經典下定義時，都不應忽視這一點：**經典應該是少而精，應該儘可能地簡約可讀。**

藝術與道德

藝術應不應該具有道德意義？柏拉圖和孔夫子認為應該。他們認為，音樂應該具有增強道德和培育性格的作用；他們認為，政府應該禁止那些道德不純的音樂；他們認為，放蕩的音樂會慫恿放蕩的行為，並最終導致道德無政府狀態和政治動亂。柏拉圖和孔夫子認為，音樂和文學都應具有鼓舞人心和催人向上的作用。

悲劇和史詩的語言及內容通常鼓舞人心，催人向上。悲劇和史詩刻畫英雄人物，也鼓勵英雄行為。有些視覺藝術，如古希臘的雕塑和米開朗基羅的雕塑，就與悲劇相似。它們表現英雄人物，提高人類對自身的認識。音樂一般也具有鼓舞人心和催人向上的作用。貝多芬的音樂就是如此。很明顯，偉大的藝術具有道德意義，但不說教。**偉大的藝術提高人類對自身的認識，但不宣揚道德善行。**

道德的無政府主義狀態

對道德的宣揚到了虛偽的程度，就會引起反動。**十九世紀末的寫實主義藝術就**

是對過份的道德感和感傷主義的反動。不久，邪惡便成了藝術的一個主題，正如過去善良曾是藝術的主題一樣。二十世紀的藝術，包括電影，被令人毛骨悚然和非道德的內容所困擾。似乎有許多現代藝術家認為，深刻見之於對人的邪惡、非理性和病態的表現。現代藝術對病態的表現和十九世紀初的感傷主義一樣，是片面的、誇大的和做作的。現代藝術在道德上的無政府狀態，尤其是流行音樂和電影在這方面的表現，毫無疑問地對現代社會的道德無政府主義狀態起了推波助瀾的作用。

東方的智慧

東方宗教和東方哲學在西方越來越受歡迎。叔本華是第一個崇拜東方哲學的西方哲學家；他反對基督教，卻熱衷於印度教。佛教和道教以純真而獨創的形式出現，是非神的宗教。這對無神論者，如叔本華，更具吸引力。總的說來，上帝在東方的宗教中並不像他在猶太教、基督教和伊斯蘭教中那樣起重要的作用。

尼采並不像叔本華那樣對東方宗教有那麼好的印象。但是，尼采的有些短文卻令人想起具有東方色彩的實踐活動，如靜思。尼采寫道：「靜躺和勿思是醫治精神疾病的最物美價廉的藥品。不斷地練習使人舒適倍增。」⑤「勿思」並不像聽上去那麼簡單。思想四處遊蕩，它喜歡抓住一個東西不放。印度和中國發展出各種使心情平靜的技巧，如靜思、瑜珈、太極拳等。這些技巧把人的思想引向簡單而輕鬆的東西，如呼吸、散步、重複同一個字詞、或慢速伸展、鍛鍊身體。由於這些技巧對身體和精神都有好處，它們在西方越來越流行。

東方的技巧和思想與西方的思想可和諧共存，並必將在西方宗教和哲學中起重要作用。然而，它們卻不大可能於近期內在西方享有廣泛的大眾性。它們不對大多數人，而對少數受過教育的人具有吸引力。在印度，佛教的靜思也遠不如印度教的多神主義受大眾歡迎。

靜思

靜思就是靜坐——身體的靜、思想的靜和意志的靜。靜思就是無為，無為減輕緊張感。從另一方面說，假如一個人做得太多、思考得太多，或欲求得太多，他的緊張感就劇增。可以把靜思定義為筆直地立坐，集中精力於呼吸。尼采的處方——「靜躺和勿思」——也可以說是靜思。的確，只要你集中精力於你正做的一件事，什麼都可叫靜思。比如，假如你集中精力的話，聽音樂也可以叫靜思。然而，人們往往在聽音樂的時候做著其他的事——如開車、吃飯、看雜誌什麼的。

我們經常以對將來的憂慮和對過去的遺憾給我們的思想增加負擔。靜思透過集中精力於此時此刻，解除我們的思想負擔。靜思透過集中精力和增強精神的力量，幫助我們克服疼痛。人們往往把靜思的技巧教給孕婦，以幫助她們克服生產的疼痛。人們還往往把靜思的技巧教給患有慢性脊背疼痛和其他各種病痛的人。

靜思可幫助我們對付疼痛，也可幫助我們對付誘惑。誘惑支配著許多人的生活，並導致飲食、酗酒、抽煙等健康問題。誘惑受到抑制，會變得更加強烈；抑制不能解決誘惑的問題。靜思及其他減輕緊張感的技巧是對付誘惑的最佳方式。人們在無所事事或深感緊張時，往往進食、飲酒、或抽煙。靜思透過幫助人們對付無所事事感和緊張感，而排除誘惑。

靜思不要求獨特的個性特徵，也不要求特殊的知識才能。但是，如果對靜思沒有一個正確態度，靜思的技巧就不起作用；態度與技巧在此同等重要。人應該有無所欲求、隨遇而安的態度。每一個持這種態度、把靜思放在重要位置的人都會從靜思中得到益處。

無為的思想為價值觀帶來革命，就像零這個數字為數學帶來革命一樣。

禪宗

靜思在佛教禪宗中佔有很重要的位置。實際上，如果我們追溯「禪」這個字的字源，從日語回到漢語，再從漢語回到印度方言，我們就會發現「禪」這個字的本意就是靜思。儘管禪宗很可能起源於印度，但它是在中國發展起來的。在中國，禪受到道教的影響，也受到老、莊哲學的影響。雖然禪宗在中國文化上打下了很深的烙印，它在日本得到的應用最為廣泛。在日本的俳句詩、茶道以及日本人生活的很多其他方面都可以見到禪的痕跡。

大多數宗教都逐漸裹上一層迷信的外衣，但禪宗卻一直保持其簡單、純潔的本質，所以，禪宗於最近幾個世紀在西方作家和藝術家中很受歡迎。在佛教禪宗中，沒有上帝。無神論對中國的知識分子來說是自然而然的事，因為他們認為世界是像植物一樣自然形成和成長的；他們不把世界看成是由一個萬能的神體設計並建造的。中國人的世界觀與現代科學一致。

大多數宗教都有聖經、聖殿和聖人，但在禪宗裡卻沒有任何神聖的東西。大多數宗教都把神物和非神物加以區別，而禪宗卻崇尚一切。西方的宗教一般把世俗世界看成是非聖潔的。拉丁文的「世界」這個詞是mundus，這個詞是英文中mundane一詞的詞根，而這個詞在英文中的意思是世俗的、非聖潔的。然而，禪宗不認為世界是非聖潔的或骯髒的。禪宗珍視世俗世界，因為禪宗不沉溺於「冥界」、「來世」或「天堂」。禪宗能崇尚此時此刻是因為它不沉溺於「永恆」。

俳句詩讚美日常生活中的普通事物。

西瓜透心涼，
斑斑駁駁見泥點
晨露使甜香。

這首詩的作者是芭蕉──日本最著名的俳句詩人。這裡還有一首芭蕉的詩：

你來點起火
我讓你看一下它──
雪球亮又大！

禪宗對此時此刻有充分的意識，對人此時此刻所經歷的形象和聲音、氣味和味道有充分的意識。人們吃飯的時候通常是急匆匆的，腦子裡想著別的事；一個美國教靜思的老師總是這樣開始他的第一堂課：他給每一個學生一粒葡萄干，叫他們精神集中地細嚼慢嚥。

學禪的人對生活持一種自然、直接的態度，不做過多的思考。一位名叫布來思（R. H. Blyth）的禪宗作家把哈姆雷特叫做「毫無禪宗精神的人」，因為哈姆雷特思慮重重。一個古代的佛教格言說：「喚醒頭腦，令其漫遊。」⑥

禪宗沒有學說和理論。一個十二世紀的禪宗大師太一（音譯自英文，Tai-E）「燒燬了禪宗經書」⑦，因為他不想讓禪宗成為死氣沉沉、灰塵累累和侷限於思辯的宗教。禪宗大師們常透過手勢、姿態等對人們進行指導。「當瑯地的長官問藥山（音譯自英文，Yao-shan）：『什麼是道？』大師指了指天，又指了指身旁的水罐。長官請他解釋，他說：『天上的雲、罐中的水。』」⑧

禪宗和尼采的哲學一樣，超越了善惡說、不宣道和不敬神。和尼采的哲學一樣，禪宗既不是悲觀的，也不是虛無主義的，它接受世界的本來面目，它讚美現實。**尼采是西方最後的哲學，禪宗是東方最高的智慧。尼采和禪宗將是我們時代哲學家的主要思想來源。**

人成上帝

尼采的哲學和禪宗有相似的地方，也有不同的地方。這兩者之間的不同之處之一是尼采代表著自我膨脹，而禪宗則代表著自我抑制。一般地來說，西方文化比東方文化更強調自我。西方的畫家，如林布蘭（Rembrandt），熱衷於自我肖像，而東方的畫家則注重風景。在米開朗基羅（Michelangelo）的英雄人物雕像和日本的由風水育成的石頭組成的山石花園之間存在著多麼巨大的差別啊！西方把自我與世界分開，而東方則將自我與世界合二為一。

許多西方作家都對自己的作品評價很高；自我膨脹到了尼采就達到了前所未有的高度。尼采在其自傳《瞧！這個人》（*Ecce Homo*）的作廢了的書稿中寫道：「既然舊的上帝已被遺棄，我就準備統治世界了。」⑨尼采的自我膨脹是他的無神論的結果。只要西方人還崇拜上帝，他們的自我就會受到一定的限制；基督教是謙卑的宗教。喪失信仰導致自我膨脹。杜斯妥也夫斯基預言過無神論會導致自我膨脹，他的一個無神論主人公說：「如果沒有上帝，那麼我就是上帝。」⑩

禪宗和自我膨脹正相反。正如基督教，禪宗也是謙卑的宗教。**靜思使人謙卑，**

因為靜思不是一件常常練習就能越做越好的事，誰也不可能成為靜思的專家。

註釋

①法國文化的優秀質量還應該歸功於這樣一個事實：貴族或有閒階級在法國比在其他歐洲國家都獲得過較好的發展。關於德國新教，見《新教倫理和資本主義精神》，韋伯著（Weber, *The Protestant Ethic and the Spirit of Capitalism*, #4A）。

②《給最後一位》，約翰・羅金斯（John Rustkin, *Unto This Last*, "Ad Valorem"）。

③〈論自助〉，愛默生著（Emerson, "Self Reliance"）；《建議與警言》，叔本華著（Schopenhauer, *Counsels and Maxims*, #5）；《馬塞爾・普魯斯特：一部傳記》，G・片特爾著（G. Painter, *Marcel Proust: A Biography*, vol. 1, ch. 16）。關於旅行的慾望和性慾之間的聯繫，見《性與性格》，韋寧格著（Weininger, *Sex and Character*, #11）及〈衛城記憶攪擾〉，弗洛依德著（Freud, "A Disturbance of Memory on the Acropolis", 1937）。

④《查拉圖斯特拉如是說》引言。

⑤《諺語格言錄》，尼采著（Nietzsche, *Assorted Opinions and Maxims*, #361）。

⑥《英國文學中的禪宗思想》，布來思著（R. H. Blyth, *Zen in English Literature*, chapter 10）。

⑦同上，第四章。

⑧引自《禪宗之道》，艾倫・瓦茨著（Alan Watts, *The Way of Zen*, II, 2）。

⑨見沃爾特・郝夫曼英文譯著《瞧，這個人！》之附錄（Appendix, *Ecce Homo*）。

⑩《附魔者》（*The Possessed*, III, vi, 2）。

宗教

Religion

對話：上帝是否存在

甲：想想看，宇宙如此巨大、空曠，地球在宇宙中如此渺小，意識在地球上產生的機會又是如此偶然。假如上帝存在的話，假如宇宙是由誰創造的話，他為什麼要創造這麼多無生命的物體和這麼大的無人跡的地域，又為什麼要讓意識以如此緩慢而曲折的方式發展呢？

乙：人看不見上帝，人無法理解上帝的意志。我們不能假設我們可以理解上帝的意志，我們也不能懷疑上帝的意志。我們只能虔誠地相信上帝，熱愛上帝。

甲：但是，如果我們無法證實上帝的存在，我們為什麼要假設上帝的存在呢？假如上帝完全是隱匿無形的，我們是否應該認為他根本就不存在呢？

乙：上帝不完全是隱匿無形的，我們有理由相信上帝的存在。比如，拿宇宙本身來說，如果不是上帝創造了宇宙，宇宙又是從哪裡來的呢？如果上帝不存在，你怎麼解釋宇宙中有所存在而不是一無所有呢？

甲：一個詩人會這樣回答：這個問題的答案是人的頭腦不可企及的，或者說，至少不是人目前的知識可以達到的。我們不能把自己的無知作為上帝存在的依據。

更進一步地說，即使我們假定上帝存在，我們也不能輕易地解釋宇宙是怎樣產生的——物質的起源仍然是個謎。

乙：假如上帝不存在的話，為什麼長期以來，在世界各國有那麼多凡人和那麼多偉人相信上帝存在呢？

甲：人有一種相信上帝存在的自然傾向。但是，這種傾向並不證明上帝存在，就好像人對黃金時代的相信不能證明黃金時代存在、人對原始洪荒的相信不能證明原始洪荒存在、人對聖靈感孕的相信也不能證明聖靈感孕存在一樣。一種信仰的普遍存在，不證明那種信仰體系的真實性。一種信仰的普遍存在只能加深我們對人和人的心理的理解，並不能加深我們對外部世界的理解。

乙：假如上帝不存在的話，你怎麼解釋我們頭腦中固有的善惡觀呢？

甲：善惡觀是相對的，不是絕對的。不同的社會、不同的歷史階段有不同的道德觀。世上不存在普遍正確的道德觀，也不存在普遍正確的善惡觀。因此，道德觀不應該迫使我們相信上帝存在。除了我們的意願和傳統以外，沒有任何其他的東西能夠迫使我們相信上帝存在。

《聖經》預言

在耶穌誕生以前，猶太人一直相信彌賽亞最終會出現。《舊約全書》中充滿了關於彌賽亞的預言。這些預言有許多都似乎在耶穌的故事中實現。例如，〈彌迦書〉預言彌賽亞來自伯利恆；以撒預言彌賽亞降生於處女；〈讚美詩〉預言彌賽亞被「熟知的朋友」所背叛；〈撒迦利亞書〉甚至預言對彌賽亞的背叛是為了「三十兩銀子。」

在基督教歷史上，預言總是被用來證實基督的神性。甚至連不信奇蹟的帕斯卡也相信這些預言，他說：「對基督最有力的證明是預言。」①然而，只要人們對《聖經》作仔細的審查，人們就不會把預言看作「有力的證明」。《聖經》的預言和它的奇蹟一樣可疑。耶穌行走水上的傳說不能證明他的神性，預言也不能證明耶穌的神性。

這些奇蹟和預言證明，《新約全書》所描述的耶穌的生活充滿了虛構的故事情節。這些故事情節是用來說服人們相信耶穌就是他們長期等待的彌賽亞的。為了贏得更多的信徒，《新約全書》的作者必須使耶穌的故事實現《舊約全書》的預言；

他們必須使耶穌的故事與預言相符。這樣，他們就可以隨時指出預言如何得以實現。例如，在〈使徒行傳〉中，彼得在談到對耶穌的背叛時說：「聖典中有關猶大的部份必須實現。」聖典的一切必須實現，這就是《新約全書》作者寫作的指南。

對《聖經》的批評

《聖經》的批評家們在《聖經》中發現了許多自相矛盾和弄虛作假的地方。例如，被猶太教和天主教歸屬於摩西的《舊約全書》的前五部實際上並非摩西所作。又例如，對三位一體的早期提及（見〈約翰一書〉）實際上是後來加入的。教會不力圖查明事實，反而力圖掩蓋事實，並禁止一切有關聖典的詰問。比如，天主教教會就禁止對三位一體早期提及的詰問。

但是，有些人會爭辯說，對《聖經》的批評並不觸及基督教的核心；它不能否認基督教道德觀的崇高，它也不能否認山上寶訓的神聖。然而，基督教的道德觀並非基督教的發明，也並非基督教所獨有。基督教的道德觀和所有道德觀一樣，是特定時間和特定環境的產物，是一定的文明水平的產物，而不是神的靈感的產物。在基督以前的時代，就有一些猶太思想家宣講與基督教道德觀相似的道德觀。在基督以前的幾世紀，有諸如蘇格拉底、佛陀、老子和孔子之類的思想家，他們也宣講與基督教道德觀相似的道德觀。在這四位思想家那裡，我們可以發現基督教的思想，如「己所不欲，勿施於人」和「勿抗惡」等②。

哪種宗教是真實的？

大多數在基督教家庭和基督教社會成長起來的人都成為基督徒。只有少數人對自己所處環境的信仰體系產生疑問，並試圖為自己發現真理。許多西方人認為，基督教必定是真理，因為有如此之多的人信它信了幾百年之久。總不會所有的人都錯吧？但是，非西方國家的人也對自己的宗教作同樣的推理。他們認為，既然印度教、佛教、伊斯蘭教等已經贏得了如此之多的追隨者，那麼它們必定是真理。假如基督教的大眾性及長久性是其真實性的表現，那麼，同樣享有大眾性和長久性的印度教、佛教和伊斯蘭教就也是真實的。然而，這些相互矛盾的宗教體系怎麼可能都是真實的呢？

有些人認為，所有的宗教都是虛假的，因為它們互相矛盾。同樣，也有人認為，所有的哲學都是虛假的，因為它們互相矛盾，也因為它們總是被後來的哲學家所超越。但是，黑格爾卻認為，所有的哲學都是真實的，所有的哲學都是真理的部份表現。我們可以對宗教也作同樣的論述：所有的宗教都是真實的，所有的宗教都是真理的部份表現。宗教湧發於人的精神，它滿足人的心理要求，它蘊含心理的真實。宗教創始人表達了他們所處社會的思想與感情。同樣，個人和教會對宗教的修改也是對社會需求的反應。

但是，宗教並不以心理的、部份的、暫時的、特定時間與環境的以及其他宗教也具備的某種程度的真實為滿足。它們有更多的奢求。它們聲稱自己掌握的真實是神所啟示的、是完全的、永恆的、放之四海而皆準的和其他宗教所不具備的。為了維護這一主張，他們就使用弄虛作假的手段。

宗教的未來

西方的主要思想家都反對基督教。無論是以個人的或是民族的形式堅持對基督教的信仰都是落後的標誌，都是落後於時代、落後於社會進步的標誌，正如泛靈論和巫術落後於多神論、多神論落後於一神論、一神論又落後於無神論一樣。從泛靈論和巫術的時代到現在的大約兩萬年裡，人類已經歷了可觀的進步。這種進步是脫離宗教、走向無神論的進步。**人類曾經需要宗教，但他現在已不再需要它，就像一個孩子曾經需要父母，但最終卻不再需要父母一樣。**

然而，我們用什麼來代替宗教呢？文化，也就是說，哲學、歷史、文學、視覺藝術和音樂等。在宗教變得越來越不重要的情況下，文化變得越來越重要。但是，僅只文化還不能代替宗教，**政治和文化並行才能代替宗教。**政治和文化是不可分割的，因為**政治為文化提供先決條件，文化（特別是哲學）為政治提供指導方針。**人類應該透過採取政治行動來改造世界，來為我們的後代創造一個和我們的世界一樣美好，或比我們的世界更加美好的世界。維護文明和改造世界的努力即是政治的努力，也是文化的努力。

文化與宗教

無神論作家對文化的態度很像宗教作家對宗教的態度。宗教作家，如齊克果，把宗教當做自己的最高理想，並立志獻身於宗教事業。無神論作家把文化當作自己的最高理想，並立志獻身於文化事業。齊克果說，牧師不應該只在星期天在教堂裡佈道，牧師應該每天到大街上去佈道，宗教應該滲透人們的日常生活。無神論作家將試圖把文化從課堂裡解放出來，讓它到人們的日常生活中去，以使文化成為人們生活的一部份，而不僅是人們在某時某地研究的對象。齊克果抨擊當時的教會，因為他認為它假裝尊崇他的理想，可實際上卻篡改它。無神論作家將抨擊學術界，因為他們認為學術界也假裝尊崇他們的理想，即文化，但實際上卻也篡改文化。齊克果的戰鬥口號是：「剝奪生活供給！」也就是說，不發給牧師們薪水，以檢驗他們是真對宗教有興趣，還是假對宗教有興趣。無神論作家的戰鬥口號也將是：「剝奪生活供給！」也就是說，不發給學術界人士薪水，以檢驗他們是真對文化有興趣，還是假對文化有興趣。

無神論者幸福嗎?

無神論使人類的脾性比以前更溫和、更穩定。無神論把人類從一些古老的磨難中解救出來，如對地獄的恐懼和對違背上帝旨意的恐懼。無神論也剝奪了人類的一些慰藉和享受，如對天道的信任和對永久幸福的希望。無神論者比起基督教徒來，希望少，恐懼也少。**無神論者從來不希望永駐天堂，也從來不懼怕永居地獄。**

被遺忘的上帝

尼采說，上帝死了。更確切的說法大概是，上帝被人遺忘了。現代人忙於物質的追求，忙於政治，又被宣傳媒介折騰得麻木不仁。他忘記了上帝。他既不相信上帝的存在，也不否認上帝的存在。他對上帝漠不關心。

無神論與自殺

按照基督教的說法，上帝按自己的形像創造了人，賦予人一個不朽的靈魂，並永遠地守護他。這樣，人的生命就因此而有價值，每個人的生命都無比重要。所以，基督教便反對自殺。自殺身亡的人不得享受基督徒式的葬禮。反對自殺的基督教思想家有齊克果。齊克果把自殺看作「反對上帝的罪行」。

古人不像基督徒那樣，認為人的生命本身如此重要，他們對自殺沒有那麼多的顧慮。比如，西塞羅（Cicero）就向遭遇不幸的人推薦自殺。許多古人都自殺身亡，包括小加圖（Cato the Younger）、布魯托（Marcus Junius Brutus）和佩特羅尼烏斯（Petronius）。

現代無神論者在很多方面與古代異教徒相似。現代無神論者和古人一樣，不認為人的生命本身有多大價值，因此，也對自殺沒有多少顧慮。比如，尼采就說，在某些情況下，自殺不但頗有理由，而且值得誇讚。

文藝復興精神與異教和現代無神論近似。文藝復興精神的體現者蒙田在自殺問題上，與古代哲學家和現代無神論者有相同的見解。他說：「最妙的死亡是自願的死亡。」③

無神論與優生學

當人類不甚重視生命本身的價值時，他們就重視某一類型的人的發展，也就是說，他們就重視優生學。因此，就有古人和現代無神論者對優生學的提倡。例如，柏拉圖有這樣的論述：「男女中的傑出者應當儘可能多地互相結合，男女中的平庸者應當儘可能少地結合。」現代無神論者，像叔本華、尼采、蕭伯納和威爾斯（H. G. Wells）也提倡優生學④。

人的生命有無價值

許多現代知識分子放棄了基督教信仰，但他們卻遲遲不肯放棄基督教關於生命可貴的思想。他們不願解答這樣的問題，比如，生命的價值是什麼？人的生命是否真正具有價值？生命是意味著更多的幸福還是意味著更多的痛苦？假如你終止了一個人的生命，你是剝奪了他的幸福，還是解除了他的痛苦？假如你終止了一個人的生命，你是為社會做了好事，還是為社會做了壞事？

大部份現代知識分子都擁護肯定生命價值的理論。這些理論試圖證實生命本身的價值，但它們不借用舊的宗教的論據。卡繆（Albert Camus）就是這樣的一個例子。卡繆認為，「生命必定是一件好事」，所以人應該儘量不終止生命，也就是說，人應該儘量避免自殺和互相殘殺。然而，雖然卡繆認為「生命必定是一件好事」，但他還是反對傳統宗教提倡生命價值的論點。他認為，生命是無意義的、荒唐的。他主張「接受好奇的人類和沉默的宇宙之間令人絕望的碰撞。」他還說：「人的生命必定是一件好事，因為正是人的生命使這種碰撞成為可能，還因為沒有人的生命，荒唐者的賭注便失去了基礎。」⑤可是，我們為什麼要使這種「令人絕望的碰撞」成為可能，我們又為什麼要給予「荒唐者的賭注」以基礎呢？

甚至就算我們假定，人的生命對那些相信生命荒唐論的人是有價值的（多麼離奇的假設！），這仍然不能證明生命對那些不相信生命荒唐論的人，或那些從來不考慮生命問題的人是有價值的。可見，卡繆為一小部份知識分子做出了對生命的肯定，或說他試圖為一小部份知識分子做出對生命的肯定，然後，他就以為他為所有的人都做出了對生命的肯定。卡繆的例子說明，人們會用各種無論多麼複雜的道理來為他們所持有的信念辯護，如肯定生命價值的信念。

上帝之死

當代的一個重大哲學問題是上帝已死，以及上帝已死的觀念對人對世界和人類的看法的影響。這個問題是首先在十九世紀末提出來的。杜斯妥也夫斯基和尼采分別對這個問題有所論述。上帝已死意味著世界不再有一個神聖的秩序，人的生命不再具有價值。由於宗教一直是道德的基礎（至少在西方是這樣），所以，宗教的瓦解必定導致道德的瓦解。尼采就稱自己為「非道德者」，並且說人類已「超越了善惡道德觀」。

正如杜斯妥也夫斯基和尼采所指出的，上帝的死亡是人類歷史上劃時代的事件，它把世界歷史一分為二。杜斯妥也夫斯基描述過一個無神論者柯里羅夫。這個柯里羅夫「堅決反對道德觀」。杜斯妥也夫斯基的無神論人物不斷地談論自殺和屠殺。他寫道：「大動盪即將來臨！世界從未見過這種動盪……地球將為舊日的上帝而哭泣。」⑥ 有誰能懷疑在上帝已死和納粹大屠殺之間有一種聯繫？又有誰能懷疑在上帝已死和紅色高棉大屠殺之間有一種聯繫？眾所周知的法國革命「恐怖」階段是大屠殺的早期形式，正如法國革命者的無神論是十九世紀無神論的早期形式一樣。

雖然我們可能不喜歡這個沒有上帝的新世界，我們可能希望有一個上帝，我們可能想回到阿奎那（St. Thomas Aquinas）的大教堂遍布、宗教信仰盛行和道德嚴明的時代，但是，我們卻不得不接受這個沒有上帝的世界，我們必須學會在其中生存。嚎哭的嬰兒可能想回到母體中去，可是他回不去。嬰兒能夠逐漸習慣母體外的生活，我們也能夠逐漸習慣沒有上帝的世界，並在其中建立一個非宗教的新道德體系。道德嚴明的時代不但存在於過去，也存在於將來。

尼采與納粹

如果說尼采是第一個談論上帝已死的人，而上帝已死又與納粹大屠殺有關，那麼是否可以說，是尼采引起了納粹大屠殺呢？思想家是不是歷史事件的發起者呢？不是的。納粹大屠殺既不是尼采引起的，也不是希特勒引起的。尼采不過是傳播了「上帝已死」的概念，並解釋了喪失宗教信仰的嚴重影響。杜斯妥也夫斯基的作品告訴我們，無神論思想和「超越善惡觀」的理論在十九世紀末就流行開了。尼采並不是這些思想的創造者，他不過發現並表達了這些思想。**發現一個時代的思想並將它表達出來是思想家的任務，正如一個政治家的任務是表達一個時代的意願一樣。思想不是由思想家獨自創造的，這正如歷史事件不是由政治家獨自創造的一樣。**

宗教的發展

在人類歷史的發展過程中，人逐漸地加強了性格感和自尊感。起初，人崇拜他所不了解的東西，如太陽、樹木、河流、雷電等。後來，人又崇拜動物圖騰和半動物半人的怪物，如半人半馬的怪物。再後來，當人開始崇拜國王時，他就神化國王。至此，普通的人是無足輕重的。到了古希臘和古羅馬時代，人創造出人神。古希臘和古羅馬人對人神的崇拜表現了人對與形似自己的生命的崇拜。但是，這些神仍然是與人分離的。假如人試圖與神爭鬥，人必定受到懲罰。因此，在古希臘和古羅馬神話中，野心勃勃的人受到懲罰是一個經常出現的主題。

早期的基督徒崇拜一個不僅形似於人，而且實際上是人的上帝。這時，普通人不再是無足輕重的了。耶穌基督對人說：「你就是上帝……上帝的國度在你心中。」與天主教相比，新教改革使人更接近上帝。天主教的上帝只是遺留在聖地的一副聖骨，教宗是他的替身。新教的上帝則存在於每個人心中。然而，照新教的說法，雖然人通上帝，但他生來就有原罪。人必須抑制自己本性中卑劣的一面，他要麼服從上帝的訓戒，要麼為自己的不馴付出痛苦的代價。

現代人將性格感和自尊感又提高了一步。上帝再也不凌駕於人之上。人再也不是在上帝面前無比謙卑的、可憐的罪人。人成了自己的主人。人必須給自己建立目標，必須設法達到自己的目標，也必須依靠自己辨別是非。

無神論與未來世界

只要人相信上帝，他就只考慮如何滿足上帝的意願。只要人相信上帝，他就對人類的前途不加過問，他以為上帝會替他過問。只要人相信上帝，他就會像孩子一樣，相信父母會對他倍加愛護，自己不用為任何事操心。只是在最近，只是在人拋棄了對上帝的信仰以後，他才開始思考未來，他才明白，將來是好是壞全在於自己的努力。**無神論帶給人類的最大益處是，它使人有了一種責任感，一種必須對自己的將來負責的責任感。反過來說，宗教帶給人類的最大害處是，它使人毫無責任感；它使人一味地依賴上帝，而對自己的命運毫不關心。**

只是在最近，人類才發現了將來，才開始放眼將來。只是在最近，人類才開始不僅只看到十年以後、百年以後，而且也看到千年以後、萬年以後。只是在最近，人類才開始思考二十億年以後太陽毀滅了人類該怎麼辦的問題。

註釋

①《思想錄》（*Pensees*, #335）。

②關於對聖經的批判，見《奧菲斯：一段宗教的歷史》第八章，雷納克著（S. Reinach, *Orpheus: A History of Religions*, VIII）。關於基督時代猶太人的道德思想，同上（ibid, VII）。

③《致死病》，齊克果著（Kierkegaard, *Sickness Unto Death*, I, 3, Ba）及《文章集》，蒙田著（Montaigne, *Essays*, "A Custom of the Isle of Cea"）。關於西塞羅對自殺的看法，見《塔斯庫倫辯論集》（*Tusculan Disputations*, II, 40 and 41）。關於尼采對自殺的看法，見《人性的，過於人性的》、《漫遊者及其影子》和《查拉圖斯特拉如是說》（*Human, All-Too-Human*, #80, *The Wanderer and His Shadow*, #185, and *Thus Spoke Zarathustra*, "Of Voluntary Death"）。

④柏拉圖的引言出自《理想國》（*Republic*, Book V）。關於叔本華，見《作為意志和表象的世界》（vol. 2, #43）。關於尼采，見《反基督教》（*Antichrist*, #3）和《權力意志》（*The Will to Power*, #898）。關於蕭伯納，見《面臨危機》導言（*On the Rocks*, preface）。關於威爾斯，見《期望》（*Anticipations*, #9）。

⑤《反叛者》引言（*The Rebel*, Intro.）。

⑥《附魔者》（*The Possessed*, I, 3, iv and II, 8）。

6 Conversations With Great Thinkers

心理學

Psychology

無聲交流

交流不僅透過語言實現，而且透過一切人所做的、所想的和所感覺的實現。一個人的無意識可以跟另外一個人的無意識溝通。人們往往接到他們長久思念著的親朋好友的來信或電話，似乎無意識的溝通先行於筆頭或口頭的交流。兒童和動物對人的感情尤其敏感，他們的無意識比成年人的強，他們的無意識尚未受到意識的阻礙。兒童和動物經常能覺察人的感情，甚至在人試圖掩飾感情時也不例外。

歌德就注意到思想和感情經常由無意識傳遞。他說：「一個人的思想可以透過其默然無聲的存在就對另一個人的思想產生決定性影響。……有幾次在我和朋友一起散步時，正當我想著某件事時，我的朋友也提起那件事。……每個人體內都有一種電性或磁性的東西。」

感情的溝通在身處異地的人之間也可以發生；**無意識可以穿越空間**。這種現象更多地發生在同一家庭成員之間。亨利希・曼（Heinrich Mann）在他姐姐自殺前聽到她的呼喊。當時她在德國，而他在義大利。曼說：「我正在散步，突然四周一片寂靜。我聽到有人喊我的名字。我以為房間裡有人叫我。我當時毫無準備，竟沒有想到這裡並沒有人知道我的教名。」王爾德（Oscar Wilde）預感到他母親的去世。當他的妻子告訴他母親去世的消息時，他說他已經知道了。

無意識不但可以穿越空間，而且也可以超越時間。人們經常對即將發生的事有所預感。比如，墨索里尼（Mussolini）就預感到對他的刺殺。他說：「一九二六年十月三十一日，我正在波倫亞。整整一天，我都覺得壓抑、沮喪，有大難臨頭的感覺。結果，當天晚上就發生了對我的行刺案件。」①

並不是每個人都有同等程度的通靈能力的。某些人，如斯威登堡（Emanuel Swedenborg）和拉斯布丁（Rasputin），就有超人的通靈能力。斯威登堡有一次告訴人們，三百英哩以外的一個地方發生了火災。結果，事實證明了他是對的。斯威登堡通靈的能力是那樣地準確無誤，就連對此將信將疑的康德也感到驚奇。拉斯布丁則經常能猜出人們在想什麼。有理由相信，諾斯特拉達（Nostradamus）具有預知的能力。榮格就相信這一點。還有人認為，被閃電擊中又復活的人往往有異常的通靈能力。

我們應當對靈學持開放的態度，而不應當由於它難以解釋或與流行的觀點不符就放棄對它的研究。**靈學是當前思想界最廣闊的未被開發的領域，它有可能在二十一世紀的思想發展中起重要作用**，正如無意識心理學在二十世紀的思想發展中起了重要作用和進化論在十九世紀的思想發展中起了重要作用一樣。

從上帝到無意識

當西方人的注意力完全被宗教與上帝所佔據時，他就無力探求自己的內心世界，也無力探求心理學和靈學。然而，一旦宗教信仰走向衰落，西方人就開始探求自己的內心世界。叔本華是第一個反對宗教、轉向心理學的西方哲學家。叔本華和弗洛依德一樣，強調無意識和性的重要性。叔本華對靈學也有極大的興趣，他常常談到自己在靈學方面的體驗。

叔本華的繼承人尼采也反對宗教，並轉向心理學。他們兩人是弗洛依德的先驅。弗洛依德曾說：「在很大程度上，心理分析與叔本華的哲學相吻合。」弗洛依德還說，尼采是「又一位這樣的哲學家：他的許多猜測和直覺都令人吃驚地與心理分析的實驗結果相符。」②

然而，儘管尼采也對心理學感興趣，但他並不像叔本華那樣對靈學也同樣感興趣；這和弗洛依德不像榮格那樣對靈學也感興趣是一樣的。榮格對靈學全盤接受，他甚至對占星學也持接納態度。

長幼順序

心理學家早就發現人的個性與長幼的順序有關。獨生子獨享父母的愛。長子在第二個孩子出生前也獨享父母的愛。因此，獨生子和長子就多有自信心和統治慾。按弗洛依德的說法，偉人多為獨生子或長子，偉人的偉大，在某種程度上來說，來自於他的自信心。**弗洛依德說：「誰是母親絕對的寵兒，誰就有那種始終不渝的勝利感、那種對最後成功的自信心。這種自信心常給他們帶來實際的成功。」**

幼子有時也是「母親絕對的寵兒」，因為他是家裡唯一的未成年的孩子。這或許是某些幼子之所以出類拔萃的原因。另外一個使幼子出類拔萃的原因是，他們在長兄面前不甘示弱，這使得他們產生爭取不凡的抱負。**阿德勒**（Alfred Adler）對這類的幼子有如下的描述：「**他們靠堅定的決心和不懈的努力淘汰所有的人。**」③

殘疾人不甘示弱

幼子不甘示弱的精神狀態可使其成為抱負遠大的人，殘廢人不甘示弱的精神狀態也可使其成為抱負遠大的人。出類拔萃的殘廢人的例子有雄辯者杜摩蘇尼（Demosthenes）、詩人波普（Alexander Pope）、李希騰堡（G. C. Lichtenberg）、政治家塔列朗（Charles Maurice de Talleyrand）、拜倫（Lord Byron）、畫家羅特列克（Toulouse-Lautrec）和齊克果等。

拜倫在《畸形人變形記》（*The Deformed Transformed*）中寫道：

> 畸形令人無所畏懼，
> 它給人以壓倒一切的

心與靈魂，它要與世人平起平坐，
它更要高人一等。

精神的鐘擺

人本能地在禁慾和放縱，或說是在苦行主義和享樂主義之間維持平衡。當一個人走至禁慾主義或自我放縱的極端時，他會本能地走向反面。**自我調節、避免極端是人的本性**。比方說，當一個人由於對自己過於苛刻而感到壓抑並喪失了生的慾望時，他會一反常態，變得放縱起來，採用享樂主義的生活方式。享樂主義生活方式最終會再次喚起他生的慾望。由此，他會又走向苦行主義，再開始一個新的循環。

我們可以用弗洛依德式的語言來形容這個週期，即當超我這個暴君走至極端時，原我便進行反撲，使自我嘗到甜頭。在自我恢復了和諧與健康以後，它就又聽從超我的調遣，於是就開始了下一個週期的循環。弗朗斯這樣形容這個週期：「在我們每一個人身上都有一個唐吉珂德和一個桑可・潘沙（Sancho Panza）。我們輪流地聽從他們兩人的調遣。」

正如人類本能地在極端之間調節自己，人類也本能地在環境中調節自己。當外界條件不利的時侯，人就收回里比多（性欲）（libido）而放縱原我以克服不利條件。托爾斯泰在描述一個在艱苦環境中設法自我安慰的戰俘時，這樣寫道：「他的運氣越不好、前景越糟糕，他就越對目前的艱難處境無所畏。這種想法使他感到無比的欣慰。」④**超我在逆境中放鬆自己，在順境中則加強自己。**

聯想

生人總使人聯想起以前認識的人。初識某人時，人們經常這樣想：「我認識他嗎?我以前見過他嗎?」因此，就有普魯斯特小說裡「我」的故事。當「我」在海灘上結交了新朋友時，他想起了自己以前在巴黎認識的人。普魯斯特寫道：「在巴爾貝克的頭幾天裡，我發現，斯萬太太的行李夫勒革蘭丁和斯萬太太本人以一個餐館服務員和一個浴室管理員的形象出現。這個餐館服務員是個外國人，我以後再也沒見過他。」⑤

將他人理想化

人們在初遇某人時往往過高地估計他。人往往不是把他人自我化，就是把他人理想化。《戰爭與和平》（*War and Peace*）裡的人物安德烈親王在第一次遇見斯賓蘭斯基的時侯，對他敬慕不已。但當安德烈親王更多地了解斯賓蘭斯基之後，就對他大失所望了。

互相模仿

人們在社交場合下常常互相模仿面部表情、手勢和姿態。這種模仿通常是下意識的。從某種程度上說，社交場合友善與和諧的氣氛有賴於這種相互間的模仿。一個不介入這種模仿的人往往打破社交場合的和諧氣氛。

習慣性的面部表情最終會變為永久性的面部表情。因此，習慣於模仿各自面部表情的夫妻最終就變得相像起來。

獵人

體育運動是戰爭與狩獵的一種昇華了的形式，具有進攻性和競爭性的人就喜歡體育運動。人們有時候說，運動員有「殺心」。托爾斯泰說：「人分兩類：獵人與非獵人。」也就是說，人分兩類：體育愛好者與非體育愛好者⑥。

等級

等級差別與金錢、教育和個性都無關。等級差別只與家庭背景有關。國王的兒子可能一無所有、可能粗俗不堪或顯得毫無教養，但他還是來自於社會的最高等級。人們一般與來自同一社會等級的人聯姻，這與人們一般與同一種族的人聯姻是同一個道理。同樣，在商業界，不同等級的商店吸引不同等級的顧客。所以，即使是在幾乎沒有等級差別的社會，甚至在完全民主的社會，等級的差別也還是依然存在並顯而易見的。

雖然等級的差別依然是顯而易見的，但它在今天的社會畢竟比在昨天的社會隱晦得多。等級的差別是早期社會的遺留物，它不會繼續存在下去。上流社會的人將逐漸和其他社會等級的人混合，除非他們像古代羅馬實行禁止貴族與平民通婚的條例那樣，實行嚴格禁止與其他社會等級的人通婚的條例，或除非社會本身遵循禁止等級間通婚的風俗。

青少年時期的各個階段

在青少年時期，來自潛意識的里比多向自我進犯，進而促使諸如狂暴和欺騙等行為的產生。里比多還導致異性間相互愛慕的感情，愛情和友誼就在這一時期萌發。

在一個人十五歲時，意識由於懼怕從潛意識裡沖將而來的里比多而開始抑制它並美化它。這種抑制導致禁慾主義生活方式的形成。年輕的福樓拜就是這樣的一個例子。福樓拜說，他在十五歲的時侯曾想過做結紮，並「在整整兩年的時間裡，從未正眼看過女人一眼」。年輕的紀德也過著淡泊的生活，他嚴格地按照一個作息時間生活；他在電車和操場上看歌德的小說；在木板上睡覺，還在半夜三更起來禱告。威爾斯也在青少年時期奉行苦行主義。他在自傳裡寫道：「我和哈里斯一散步便長達一小時。我總是堅持每小時要走四哩路。在散步途中，我們總是氣喘噓噓地喊叫著談話。」⑦

在青少年時期，里比多有時會表現出來，有時會受到抑制，也有時會被美化。當對里比多的抑制表現為苦行主義生活方式時，對里比多的美化就表現為如飢似渴的求知慾。舉例來說，休謨（David Hume）「先是經歷了一段高度緊張的智力開發和讀書的狂熱，隨後就在十八歲時經歷了一次精神的崩潰。」年輕的拿破崙（Napoleon）也充滿著強烈的求知慾。「在青少年時期，〔拿破崙〕讀書的瘋狂到了一發不可收拾的地步。他狼吞虎嚥地閱讀所有他能拿到手的書。」⑧

在這些年裡，青少年的精神是不和諧的：超我的力量不堅定，原我則時而反抗。結果，青少年的情緒就波動不已。他時而興高采烈、時而意志消沉。他會今日奉行苦行主義、明日奉行享樂主義。這些情緒的波動也會在他的工作習慣和飲食習慣上表現出來。

為了控制原我和提高意識的水平，有必要採用抑制和道德約束的手段。然而，當控制原我和提高意識水平的任務結束之後，抑制和道德約束就逐漸被拋棄了。人到了十八歲左右，道德家就讓位於理論家了。道德家關心的是倫理道德，他致力於控制自己，並把自己的事務管理得井井有條。理論家關心的是政治，他致力於在世界歷史上為自己爭有一席之地。

理論家和道德家一樣，具有不平衡的個性。他犧牲無意識，偏愛意識。由於意識是個人的，無意識是集體的，像青少年那樣偏愛意識就導致一種誇大自我並厭惡社交的個性。正如榮格所指出的，如果說對個人主義的誇大和對集體主義的誇大都是精神病的起因的話，青少年的精神病就起因於對個性的誇大。青少年時期是暫時的輕度瘋狂期。

對個性的誇大使青少年對他人的感情漠不關心，並把自己關閉在與世隔絕的天地裡。在杜斯妥也夫斯基的小說《少年》（*The Adolescent*）裡，十九歲的主人公有這樣一段表白：「總的來說，我不習慣跟人在一起，無論是誰都一樣。……我躲在自己給自己建造的硬殼裡。」年輕的笛卡兒厭惡社交到了極點，他在十八歲到二十歲之間，幾乎從未邁出過自己的房門。他的地址對家人和朋友都嚴格地保密⑨。

為了表現自己與他人的區別並加強個性感，青少年往往嚴格地保守一項秘密。杜斯妥也夫斯基小說的主人公又說：「我的『秘密』使我在軟弱與痛苦時有所寄託。……有時候，當我想到我會向別人透露我的『秘密』並因此而變得一無所有時，我就會渾身打起冷顫。」⑩保守秘密是青少年時期的特徵，洩露秘密則是後青少年時期的特徵：開始只向一個朋友洩露，然後就向越來越多的人洩露。（不僅是個人，有時整個社會或社會的某個團體也保守秘密以建立特徵感。古代許多宗教組織都強調保守秘密。）

為什麼人在青少年時期保守秘密、偏愛意識、誇大個性並表現出暫時的瘋狂呢?所有這一切都是為了兩個目的：樹立個性特徵感和提高意識水平。那些沒有經歷過青少年時期的危機和瘋狂、平平穩穩地度過了青少年時期的人到頭來就缺乏鮮明的個性特徵，也無法獲得高級的意識水平。

隨著青少年的逐漸成熟，他的個性感變得愈加強烈，他對無意識的抑制也隨之減弱。苦行主義不是目的，它不過是一種手段而已。不管幾千年來哲學家們怎樣諄諄教誨，人生的目的決不是用理性控制感情和用意識控制無意識。**人生的目的是求取內心的和諧並獲得個性的平衡。**

青少年

我們還可以用抽象的、形而上的語言來描述青少年。兒童生活在有限的世界中，無限的世界對他來說是陌生的。青少年則已窺見無限，他愛上了它，並追求它。然而，在他追求無限的同時，他卻失去了有限。這就是青少年的抑鬱感的由來。他生活在雲端裡，他是地上的陌生人。他在永恆中快樂無比，在現實中苦楚難言。成年人的任務則是在永恆與現實中都同樣自在逍遙。青少年期可稱為對無限的發現，成年期則可稱為對有限的發現。

基督教的成就

古希臘人像兒童那樣，對無意識毫不控制；他們不跟自己的身體和感情過不去。他們的思想和他們的感情協調一致。因此，古希臘最優秀的人像雕塑都帶有寧靜的神情。

在羅馬帝國時期，放縱代替了和諧。遠古的宗教失去了對人們的控制。這時的羅馬人不受任何約束。他們在性生活上放蕩不羈，為所欲為，在飲食上毫無節制；暴飲暴食、直至厭膩、再服用催吐劑以繼續大吃大喝是常有的事。

緊跟著這一時期的道德無政府主義而來的是一時的道德專制主義。此時的西方人傾向於對無意識加以控制。這種抑制無意識的傾向不僅在基督教文化中顯而易見，而且在太陽神崇拜、新柏拉圖主義哲學和斯多葛哲學（Stoics）中也顯而易見。基督教在對其他宗教佔據了優勢以後，就把意識與內省引入了西方世界。基督教靠抑制無意識提高了西方人的意識水平，這與人在青少年時期通過抑制無意識而提高意識水平相似。

對無意識的抑制在文藝復興時期有所放鬆，但在基督教改革時期又猛烈地回潮。這個新的抑制的回潮對禁慾的新教影響很深的國家（如英國和美國）衝擊格外強烈。這個新的抑制的回潮在道德嚴明的維多利亞時代繼續了下來。後來，抑制又受到反抑制潮流的衝擊。到了二十世紀初，無意識開始擺脫抑制的枷鎖。二十世紀的藝術家對無意識聽之任之。維多利亞時代的道德觀被放任的道德觀所代替。**我們時代所面臨的任務是看我們能否在意識與無意識之間、在對無意識的完全抑制和對無意識的絕對放任之間尋找到一個平衡。**

十九世紀，即維多利亞時代，忽略無意識，二十世紀則忽略超我、服從無意識。十九世紀把性看作生活中可有可無的東西，或人所無法避免的惡行，二十世紀則把性看作生活中至關重要的東西。這兩種看法都是片面的、誇大的和錯誤的。我們的時代的任務是在意識和無意識之間尋求平衡，是在對無意識的壓抑和對無意識的放縱之間尋求平衡。

國家的個性

美國人和英國人受禁慾的新教的影響較大，所以他們比歐洲大陸國家的人對肉體的快感和肉體的功能更羞於啟齒。英國旅行家阿瑟・洋（Arthur Young）寫道：「在英國，男人小解時必有一定的隱私，女人必不在視線以內。而在法國和義大利，就沒有這種擔憂。」洋在威尼斯看了一個劇以後，這樣說：「在樂池和劇場座位前幾排之間，有一個五、六英尺寬的地帶沒鋪地板。一個幾乎就坐在樓上包廂幾位女士下面的穿著講究的男子，站起來走到這個地帶，若無其事地小解，就好像在大街上一樣。除了我以外，沒有一個人對此感到震驚。」

即使在今天，這種態度也沒有完全改變。英國的洗手間都有男女之分，而歐洲大陸國家的洗手間往往沒有男女之分。

俄國人、西班牙等國的人在見面和分手時，常常接吻；這在古羅馬和古希臘人中也是一種習俗。這種習俗當然不會在禁慾的新教國家中發現。

杜斯妥也夫斯基在歐洲旅行時注意到「英國人沉悶的個性」。這種常常受到注意的沉悶的個性是禁慾的新教的後果。禁慾的新教剝奪人的直感和快樂，它使生活成為一種苦役⑪。

家族之外

耶穌說：「凡實行我天父的旨意的就是我的母親、我的兄弟！凡實行我天父的旨意的，就是我的兄弟、姐妹和母親了。」⑫這段話說明，耶穌宣講的不是對家族的奉獻，而是普遍的人倫道德。在耶穌以前，個人被家族所吞噬；基督教把個人從家族中解放了出來。在中世紀的很長一段時期內，基督教徒相互之間只以名字相稱，姓是後來才加的。而在希臘、羅馬和中國人那裡，家族的姓氏卻是首要的。未開化的社會盛行對祖先的崇拜。對祖先的崇拜一直延續到基督教的問世。直到現在，在基督教影響甚微的國家，對祖先的崇拜仍然存在。對一個生活在崇拜祖先的社會的人來說，「人生的最大價值在於傳宗接代，以繼續崇拜祖先。生養女兒不是婚姻的目的……家庭，就像對祖先的崇拜一樣，是只有兒子才能傳延的。」⑬甚至在今天，一個中國或印度的農民還是急於要兒子，生女兒的女人通常打胎或將女嬰遺棄。在中國，有男人因女子的缺乏而苦於找不到妻子。

禁慾的新教把每個人都當做家庭成員對待。所以，男人就互稱「約翰兄弟」、「湯馬斯兄弟」等，女人就互稱「安姐姐」、「賽拉妹妹」等。相反，中國人就以與家族外之人的「毫不掩飾的競爭」而聞名⑭。韋伯說：「中國人典型的相互之間的不信任是有目共睹的。這種不信任與清教徒之間那種對篤信的兄弟姐妹的信任和誠實形成了鮮明的對照；那種信任在不篤信的人中間也是有的。」⑮這種信任對生意的往來有好處。同樣，將人倫道德延伸到家族以外對社區精神和社區事業都有好處。正是這樣，禁慾的新教對英語國家的經濟和政治的成功做出了貢獻。中國是一個缺乏社區精神，而且家族利益仍佔主導地位的國家。現在還很難斷言民主制度能否在中國成功。

浪漫的愛情

個人是社會的縮影。莎士比亞曾說：「人生像一個小小的王國。」

拿愛情來說，放縱導致厭倦，克制導致慾望。這對個人生活如此，對社會生活也是如此。異教徒的放縱導致對愛情的厭倦，因此，異教徒就不美化愛情，也不把女人理想化。但是，基督徒在性生活方面的克制導致性的慾望，因此，基督徒就美化愛情，並把女人理想化。

基督教的衰落是否意味著現代人將退回到異教徒在性生活方面的放縱呢？否。因為現代人具有比異教徒更強的超我，他們不會像異教徒那樣對性慾不加約束。然而，現代人也不會像基督徒那樣克制性慾。現代人將會在異教徒的放縱與基督徒的克制之間找到一個平衡，正如黑格爾所說，人已經經歷了正題和反題的階段，現在人將達到較高級的合題階段。

客觀、主觀

無意識呈集體性，意識呈個體性。隨著我們對歷史的回顧，我們發現人類的無意識較強，意識較弱。也可以說，人類的集體主義意識較強，個人主義意識較弱。

原始人個人主義意識極低，因此，大多數原始人都沒有姓名。

古希臘人由於被無意識所支配，便沒有達到高度的個人主義。因此，也就有強調人物個性的現代戲劇和強調命運的古代戲劇之分。莎士比亞是一個強調人物個性的現代戲劇家。莎士比亞對人物心理的深入刻劃是古代作家所從未達到的。他描寫不同的人物性格和人在不同生活階段的個性表現，他也描寫人的個性在不同情緒下的多種反應。

除莎士比亞外，還有一位文藝復興時期的作家也是心理描述型的，這就是塞萬提斯。早期的作家描寫想像的事件，塞萬提斯則描寫想像本身。他描寫的不是客觀的世界，而是人眼中的世界。塞萬提斯是現代哲學觀念論和現代藝術印象派的先驅。

因為古代人的個人主義意識比現代人的弱，所以他們就更加注重外部世界或客觀世界，而現代人則更加注重精神世界或主觀世界。現代人的內心世界比古代人的內心世界更為廣闊而複雜。現代人對內心世界的觀察比古代人更為深刻，他們也比古代人更善於觀察和研究人的內心世界。

註釋

①關於歌德，見《歌德談話錄》，艾克曼著（Eckermann, *Conversations With Goethe*, 10/7/27）；關於曼，見《湯馬斯・曼：一位藝術家的成長》，理查德・文斯頓著（Richard Winston, *Thomas Mann: The Making of an Artist*, 1875-1911, ch. 16）；關於王爾德，見《奧斯卡・王爾德》，理查德・愛爾曼著（Richard Ellman, *Oscar Wilde*, ch. 19）關於墨索里尼，見《與墨索里尼的對話》，愛米爾・路德維格著（Emil Ludwig, *Talks With Mussolini*, V, 1.）法國國王亨利五世和希特勒都在遇刺前有所預感，見《通史》，伏爾泰著，及《希特勒》，托蘭德著（Voltaire, *General History*, ch. 144, footnote, and Toland, *Hitler*, XXVIII, 5 and XXI, 3）。

②《自傳研究》，弗洛依德著（*An Autobiographical Study*, 5）。

③關於弗洛依德，見〈關於詩與真實的童年回憶〉（"A Childhood Recollection from Dichtung und Wahrheit"）；關於阿德勒，見《個人心理學的理論與實踐》（*The Practice and Theory of Individual Psychology*, #26）。

④《西爾維斯特・伯那德的罪行》，安尼東・弗朗斯著（Anatole France, *The Crime of Sylvester Bonnard*, "The Little Saint-George", 4/17）及《戰爭與和平》，托爾斯泰著（Tolstoy, *War and*

Peace, XIV, 12.）。

⑤《風華正茂時》（*Within a Budding Grove*, "Place-Names: The Place"）。

⑥《托爾斯泰》，亨利・特洛亞特著（Henri Troyat, *Tolstoy*, #18）。

⑦《書信集》，福樓拜著（Flaubert, *Letters*, 12/27/52，selected by R. Rumbold, London, 1950）；《假如它死去》，紀德著（Gide, *If It Die*, I, 8）；《一次傳記寫作嘗試》，威爾斯著（H. G. Wells, *An Experiment In Autobiography*, IV, 3.）。

⑧關於休謨，見《歷史與人》，戴斯蒙德・莫里斯著（Desmond Morris, *The Book of Ages*, 18）；關於拿破崙，見《聖海倫娜回憶錄》，拉斯・柯西斯著（Las Cases, *Memorial of St. Helena*, 8/15）。

⑨關於榮格，見其《全集》（*Collected Works*, vol. 16, #5）；關於杜斯妥也夫斯基，見其《少年》（*The Adolescent*, I, iii, 3, Garden City, NY: Doubleday & Company, Inc., 1972, trans. A. MacAndrew）；關於笛卡兒，見〈笛卡兒的夢〉，L・費爾著（"The Dreams of Descartes", by L. Feuer, *American Imago*, spring, 1963）。

⑩《少年》（*The Adolescent*, I, v, 4 and I, iii, 4）。

⑪見《在法國和義大利旅行》，1789年11月4日一則，洋著（Young, *Travels in France and Italy*, entry for Nov. 4, 1789）。又見《冬日裡對夏日印象的記錄》，第五章，杜斯妥也夫斯基著（Dostosyevsky, *Winter Notes on Summer Impressions*, ch. 5）。

⑫馬太福音，12:50（Matthew, 12:50）。

⑬見《古代城市》，第二章，第三節，法斯泰・德・庫蘭之著（Fustel De Coulanges, *The Ancient City*, II, 3）。

⑭見《中國宗教：儒家和道教》，第三章，韋伯著（Max Weber, *The Religion of China: Confucianism and Taoism*, III）。

⑮同上，第八章（ibid, VIII）。

Great Thinkers

天才
Genius

天才是里比多（性欲）的昇華在文化理想與政治理想上的表現。里比多的昇華使天才能夠以超人的激情和精力為文化或政治的理想奮鬥。天才人物天生的內在素質往往使他致力於以下四個領域的工作：哲學、藝術、科學或政治①。

俄國的天才

哲學天才是一種最罕見的天才。有些社會可能產生藝術天才，但卻不可能產生哲學天才。例如，俄國出現過幾位偉大的文學家，但卻從未出現過偉大的哲學家。一個從未產生過偉大哲學家的民族，其意識水平比那些產生過偉大哲學家的民族之意識水平要低。

在十九世紀末、二十世紀初，大部份西歐國家的主要思想家都超越了宗教。然而，俄國的主要思想家，如杜斯妥也夫斯基、托爾斯泰，卻還都依附於宗教。從這裡，我們可以得出一個結論：俄國的意識水平低於大多數西方國家的意識水平。這個結論與我們從俄國缺少哲學家的現象中所得出的結論是一致的。

這是為什麼呢？從地理上看，俄國位於西方文明的範圍之外。古希臘和古羅馬文化對俄國的影響比對西歐國家的影響小。同樣，文藝復興時期對古典文化的重新發現對俄國的影響也比對西歐國家的影響小。如果說上述的原因阻礙了俄國文化的發展，那麼，俄國文化將很快地趕上西方文化，因為，現在俄國人有機會兼容他們以前了解甚少的文化。

天才的種類

一個人能具有一種以上的天才嗎？約翰遜認為，天才可在各個領域裡顯現。他說：「**假如牛頓寫詩的話，他會寫出一部傑出的史詩。一個充滿活力的人既可以向東，也可以向西。**」②有人曾論證過，莎士比亞的戲劇是培根寫的，所以，培根就既是哲學天才也是藝術天才。

像達文西和帕斯卡那樣多才多藝的人是很少見的。大多數天才只在一個領域裡顯現。莎士比亞的戲劇和培根的哲學著作出自同一個人之手的假想是不可思議的。假如牛頓寫詩的話，他可能會寫出「一部傑出的史詩」。然而，正因為牛頓明瞭自己的侷限，他才從未嘗試過寫詩。**大多數天才都不涉獵非他們天生即屬的領域。**

天才的層次

天才的種類不同，天才的層次也不同。最低層次的天才（genius）與最高層次的有才者（talent）極為近似。因此，很難準確地斷定，天才與有才者的界限在哪裡；也很難準確地斷言，誰是低層次的天才，誰是高層次的有才者。

天才的起源

什麼是天才的起源？叔本華認為，人的性格來自父親，人的才智來自母親。他說，天才人物是意志堅強的父親和才智過人的母親之共同結晶。卡爾・亞伯拉罕

（Karl Abraham）是弗洛依德的弟子之一。他認為，在精力與能力上日漸衰弱的家庭是產生天才人物的環境。儘管這種家庭在走向衰落，但它總還是能產生一、兩個既聰穎過人又「神經質」的人。他舉了埃及國王易格納坦（Ikhnaton）的例子。易格納坦的祖先都強健、實際而好戰，他自己就既聰穎過人又神經質。

許多天才人物都出現在這種先是家境優越，後卻在精力與能力上日漸衰弱的家庭裡。湯馬斯・曼（Thomas Mann）就是一個例子。曼的家庭長期地享有經濟的成功和顯赫的社會地位。顯然，他的祖先必定意志堅定、精力旺盛、才智過人。然而，曼這一輩人就似乎都有點兒不僅才智過人、而且神經質，或者，不說是神經質的話，至少也是精神狀態不穩定。曼的哥哥亨利希就是一個知名作家，他的名氣只比曼小一點點。曼的兩個姐妹都自殺身亡③。

對天才起源問題的最佳答案是把叔本華的理論和亞伯拉罕的理論結合起來的答案。**天才人物產生於父親意志堅強，母親才智過人，但卻在精力與能力上都日趨衰弱的家庭。**

天才人物繼承父母的某些品德與才華，但他們卻很少給後人遺留什麼。天才不

再生天才。天才是終點，而不是起點。

政治天才

動盪的時代是把天才人物推向領袖地位的時代，如凱撒（Julius Caesar）、拿破崙、列寧（Lenin）、墨索里尼和希特勒（Adolf Hitler）。

天才與預言家

天才人物能夠預見將來。羅馬悲劇作家塞內加（Seneca）預見到美洲的發現。公元十三世紀，培肯（Roger Bacon）預見到機動車和飛機的發明。達文西預見到許多機器的發明，其中包括蒸汽機、飛機、降落傘、潛水艇、坦克和機關槍等。盧梭在一七六二年預見到法國革命的爆發和歐洲君主制的崩潰。傑弗遜（Thomas Jefferson）在一八二〇年預見到美國南北戰爭的爆發。托克維爾（Alexis de Tocqueville）在一八三五年預見到美國和俄國總有一天會成為世界的兩大強國④。海涅（Heinrich Heine）預見到納粹軍國主義的崛起和種族大屠殺的悲劇。他說，德國的哲學所孕育的能量總有一天會「爆發出來，並使世界為之恐懼和驚愕。」他還預言道：「一齣戲劇將會開演。這齣戲劇會使法國革命相形之下像一首純情的牧歌。」⑤卡夫卡預言說，人類「會試圖通過毀滅猶太人種來摧毀猶太教。」布爾克哈特（Jakob Burckhardt）預見到德國的遭遇。當德國皇帝於一八七一年在凡爾賽加冕時，布爾克哈特說：「這是德國的厄運。」⑥尼采預見到無意識心理學的發展、世界大戰的爆發和俄國的崛起。

希特勒和命運

是個人控制歷史還是歷史或命運控制個人？天才人物的預知能力支持命運控制個人的論點，反對個人意志控制歷史的論點。如果歷史事件可以在它們發生之前就被人預知的話，那麼，這些事件便決不是由個人的或環境的因素所引起的，而是由歷史和命運決定的。從表面上看，納粹大屠殺是希特勒個性膨脹的惡果；從表面上看，希特勒的崛起是德國經濟大蕭條的結果。但是，如果納粹大屠殺在它發生的一個世紀以前就被預知了，我們便不能把它完全歸咎於某個個人或某種特殊的環境。雖然希特勒是納粹大屠殺最直接的原因，雖然經濟大蕭條是希特勒崛起的最直接原因，但是，促使這些事件發生的最根本原因卻比某個個人或某種特殊環境的原因要深刻得多。

希特勒一生的經歷證明他不過是命運的體現。一九二〇年，希特勒寫了《我的奮鬥》（*Mein Kampf*）一書。在《我的奮鬥》裡，他勾劃了德國在二十世紀三〇年代和二十世紀四〇年代的歷史。他預想到一個規模巨大的戰爭即將爆發，他也預想到德國會在這個戰爭中毀滅。希特勒也意識到自己是命運的體現。他感到自己的生命和行動是命運的結果，而不是意外事變或人的選擇的結果。由於意識到命運的支持，希特勒感到自己具有極大的力量，他覺得自己是不可戰勝的，他對自己有無比的自信。他的自信使他在演講時能夠表現出激情、精力和說服力，他的自信使他能夠迷惑一個民族。

希特勒憑仗自己的無意識預測注定要發生的事件，他的預感和直覺是他依靠的對象。他說：「我以一個夢遊者的充份把握，在命運指給我的路上前行。」⑦他對命運和無意識十足地依賴使他與現實失去了聯繫，並喪失了精神的健全。

拿破崙的經歷在許多方面與希特勒相似。拿破崙和希特勒一樣，也意識到自己是命運的體現。他感到自己有能力預知未來；他感到自己無法擺佈歷史，卻反過來被歷史所擺佈。他說：「我總是預先知道什麼在等待著我……從沒有一件事的發生是出乎我意料之外的。」⑧他堅信，在他走完命運為他規定的生命歷程以前，任何企圖謀害他的暗殺活動都是注定要失敗的。事實上，的確有許多對拿破崙的暗殺活動以失敗告終。

瘋狂的天才

為什麼天才能夠預知未來呢？一部份原因是天才具有極高的意識水平，另一部份原因是天才與無意識的聯繫極為緊密。天才的先知是無意識感知的結果，也是意識思維的結果。天才從他的無意識中汲取思想、捕捉形象、靈感和直覺。

由於天才與無意識聯繫過於緊密，精神錯亂對他就總是個威脅。許多天才人物最終都落得精神錯亂的結局。這樣的例子有：塔索（Torquato Tasso）、牛頓、斯威夫特（Jonathan Swift）、孔德（Anguste Comte）、果戈里、羅斯金、荷爾德林（Friedrich Hölderlin）、舒曼（Schumann）、尼采、斯特林堡（August Strindberg）和梵谷。

半瘋狂的天才

許多天才的精神狀態不是不完全正常，就是完全不正常，還有許多天才的精神狀態介於正常與不正常之間。精神狀態不完全正常的天才的例子有叔本華。叔本華常表現出無端的恐懼和憂慮。他唯恐有一天人們會把他的昏睡誤認為死亡，並因此而活埋他，就立下了這樣一條規定：他死後，遺體保留的時間要比一般遺體保留的時間長。精神狀態不完全正常的天才的例子還有塞尚（Paul Cézanne）。他患有「慢性妄想症」（chronic paranoia）。他在朋友為他舉行的生日晚會上忿然離去，他認為，他的朋友是在藉故捉弄他。

天才的精神狀態不完全正常表現在他們容易走極端，並只看到事物的一面；他們往往缺乏彈性。杜斯妥也夫斯基說過：「我無時無刻不在走極端。從我出生到現在，我一直在走極端。」⑨

天才的精神狀態不完全正常還表現在，跟大多數人相比，他們的情緒更常有喜怒無常的變化。換句話說，天才的情緒時而高漲，時而低落。情緒多變的天才的例子有齊克果。他的精神狀態被描述為「鬱鬱寡歡，偶爾情緒高漲，更多的情況下是既鬱鬱寡歡，又情緒高漲。」情緒多變的天才的例子還有斯特林堡。他的傳記作者這樣寫道：「他的一生充滿了從極度興奮到極度憂鬱的情緒變化。」天才多落落寡合、抑鬱不歡，這是他們情緒的基本表現。卡夫卡就是這樣一個抑鬱型天才的例子。他說：「我每天都恨不得能從地球上消失。」⑩

另外，天才的精神狀態不完全正常又表現在他們通常體弱多病。長期患病的天才人物有伊壁鳩魯、帕斯卡、李希騰堡、席勒（Schiller）、萊奧帕爾迪（Leopardi）、達爾文、尼采和普魯斯特。疾病通常與心理狀態有關。某些疾病，如癲癇症和氣喘病，則幾乎總是與心理狀態有關。患有癲癇症的天才人物有穆罕默德、杜斯妥也夫斯基和福樓拜。同樣，普魯斯特的氣喘病也是他的精神狀態的表現：那是他乞求母愛的託辭。常言道，最理想的人有一個蘊含著健康的精神的健康的軀體。若真是如此的話，天才的不健康的軀體裡就蘊含著不健康的精神。許多天才都不幸早逝，這難道還奇怪嗎？

天才的多變性

天才具有多面性和變幻性。天才具有多種不同的個性。斯特林堡就是一例。比昂松這樣對斯特林堡說：「啊！你這既熱情、又強壯、又軟弱的斯特林堡！你這既輕信、又多疑、既勇敢、又怯弱、既充滿愛心、又充滿憎恨、既充滿詩意、又枯燥乏味、既時而對人牽掛不已、又時而對人漠不關心的斯特林堡！」⑪

女人、孩子、天才

男性天才會表現出女子氣。成年天才會表現出孩子氣。維吉爾就由於他身上的那股女子氣而被稱為「帕西尼亞斯」（Parthenias），或「貞女」（The Virgin）。米爾頓的綽號是「基督夫人」（他曾在基督大學就學）。契訶夫被人描述為「羞怯而恬靜得像個小姑娘，走起路來也像個女孩子。」⑫藝術的創作特別要求極大程度的女子氣質。然而，跟藝術的天才相比，哲學的、科學的和政治的天才就較少帶有女子氣。因此，哲學的、科學的和政治的天才成為同性戀者的可能，也就比藝術的天才成為同性戀者的可能要小。

不成熟的天才

天才人物孩子氣十足，他們以自己的天真對待世界，似乎這世界有多麼新奇。達文西就是一個孩子氣十足的天才。弗洛依德曾這樣說過：「偉大的達文西在他整整一生中都保留著稚氣。……作為一個成年人，他還是不停地玩耍。」據說，莫札特的「藝術很早就表現出成年男子的成熟，但就一切其他方面而言，他卻始終是個孩子。」⑬

活潑歡快的天才

天才人物的性格有抑鬱的一面，也有歡快的一面，這似乎自相矛盾。但是，活潑歡快是可能與抑鬱憂悶共存的。天才性格中活潑歡快的一面是他的孩子氣的表現；他享受著其他成年人已失去的東西。康德就是這樣一個例子。赫爾德（Herder）說，康德「總是像年輕人那樣歡快活潑。」卡夫卡也是一位性格開朗而歡快的天才的例子。儘管卡夫卡有時陷入極度的憂鬱，但據說，他「常常興高采烈。」⑭

喜愛玩耍的天才

天才，特別是藝術天才，和兒童一樣具有創造幻想世界的內在傾向。天才和兒童都對現實世界置若罔聞，都熱衷於創造自己的世界。藝術家常常被比作玩耍中的孩子。

天才與自戀

為什麼天才都有女子氣和孩子氣呢？天才與女人和孩子有什麼共同之處呢？女人和孩子都自戀，天才也有自戀傾向。天才的自戀常使他們孤寡無朋。米開朗基羅說：「我沒有朋友。我不需要朋友，也不想有朋友。」據傳，拉菲爾（Raphael）說過，米開朗基羅「孤獨得像個守絞刑架的劊子手」。一個認識齊克果和易卜生的女人曾說：「我從來也沒見過像他倆這樣寧願獨處的人，不論是男人還是女人也好。」⑮

天才的自戀與自愛使他們很難愛別人。人們有時認為天才的愛情軼事也有自戀的本質。人們說，貝多芬「愛的是愛情本身，而不是女人」。奧特加說，儘管斯丹達爾和夏多布里昂接二連三地捲入愛情風波，但他們卻從未真正愛過哪個女人。

由於天才很難全心全意地愛別人，他們往往恪守獨身。即使他們有的結了婚，並有了孩子，他們也往往不是好父親。比方說，盧梭就不是一個好父親。盧梭把他所有的孩子都送進了孤兒院。希施曼（Edward Hitschmann）說：「如果天才人物的兒女無所成就，甚至毫無出息……不應該忘記，他們的父親的自戀是造成這種現象的一個原因。」⑯無所成就的天才人物的孩子有：歌德、梅爾維爾、喬哀思和愛因斯坦。

天才與同性戀

所有的人都可以說在某種程度上精神不正常。同樣，所有的人也都可以說在某種程度上有同性戀傾向。一般的人只有些微的同性戀傾向，天才的同性戀傾向則比一般人強。正如天才比一般人更接近於精神不正常一樣，他們也比一般人更接近於同性戀。是同性戀的天才人物的很多，如魏爾倫、韓波（Arthur Rimbaud）、惠特曼、斯溫伯恩（Swinburne）、波特萊爾（Baudelaire）、王爾德、普魯斯特、紀德和奧登

（Auden）等。

為什麼天才會有同性戀傾向呢？這是由於天才和同性戀者都傾向於帶有女子氣和自戀。同性戀的自戀使他們無法去愛一個異性的軀體。

如果說，所有的天才都有女子氣，並都自戀，那麼為什麼不是所有的天才都是同性戀呢？一個人與父母的關係決定他是否會成為同性戀。弗洛依德認為，男性同性戀起源於兒童時代，這些起因一般可歸結為以下幾點：與母親關係極為密切、母親具有駕馭一切的男性性格特徵、早年喪父、或與父親關係不和。任何一個上述的原因都會阻止兒子與父親認同。換句話說，任何一個上述的原因都會阻止兒子獲得父親的男性性格特徵。由於以上的任何一個原因，那些無法與父親認同的天才就成為同性戀者。比如說，普魯斯特與母親的關係就極為密切，紀德和王爾德的母親就都有駕馭一切的男性性格特徵⑰。

希臘愛、自戀

同性戀在古代希臘公開而普遍。同性戀有時也被稱作「希臘愛」。薩克斯（Hanns Sachs）指出，古希臘人的自戀是他們傾向於同性戀的原因，也是他們對人的軀體給予藝術的讚美，卻對大自然毫無興趣，並對科技發展避而不談的原因。

為什麼古希臘人自戀呢？自戀是原始社會的特徵，是一個未超越里比多發展進程中自戀這一階段的社會的特徵。這個社會尚未達到他愛的階段。這和一個人的自戀標誌著他的不成熟、標誌著他尚未達到他愛階段是同一個道理。因此，未開化的人種就多有自戀和同性戀的傾向。用弗洛依德的話說，就是「〔同性戀〕明顯地多見於原始的和未開化的種族。」雖然古希臘人並不是完全的「原始和未開化」，但他們在某些方面是不成熟的。人們常把他們比作青年或少年⑱。

天才與自然

古希臘人的自戀使他們對自然不感興趣，天才的自戀也常使他們對自然不感興趣。比如，福樓拜就這樣說過：「我不迷戀自然。自然界的奇觀不像藝術的奇蹟那樣打動我的心弦。」杜斯妥也夫斯基被描述成「對自然景觀完全地無動於衷。」王爾德說：「我討厭觀賞風景。真正的紳士決不向窗外探頭探腦。」⑲

天才與青少年

青少年和天才一樣也自戀。青少年的自戀表現為對異性的反感，特別是對異性生殖器的反感。古希臘人由於自戀也對異性生殖器反感。這也是為什麼在希臘神話中，任何瞥見女性生殖器的男人——美杜莎（Medusa）的頭是女性生殖器的象徵——都會化作石頭的原因。

除了自戀以外，天才與青少年還有許多其他的共同特徵，如性情鬱悶、古怪、憂慮、易於精神不正常和易於走極端等。天才的行為通常被看作一種青少年時期的表現，一種延長了的或重複的青少年時期的表現。

天才與嬰兒

青少年和嬰兒面臨類似的艱鉅任務：青少年必須學會脫離家庭而獨立生活，嬰兒必須學會脫離母體而生活。人在青少年時期的表現是人早先在嬰兒期表現的重複。**天才往往成熟得很慢，他們傾向於在青少年時期滯留，他們甚至常常在嬰兒期滯留。**例如，麥考萊（Thomas B. Macaulay）、尼采和愛因斯坦小時侯就都很晚才學會說話。

嬰兒沒有把自己與外部世界分開的能力；嬰兒尚未建立起自我的界限。嬰兒與宇宙是同一的。天才在嬰兒期滯留，並永遠不完全喪失嬰兒的與宇宙同一的情感。這種與宇宙同一的情感，這個無限的自我，有助於天才理解人類和世界；它有助於科學天才理解自然和宇宙，有助於政治天才理解國家，也有助於文藝天才與外部世界產生共鳴。假如我們可以把天才看作是晚熟的青少年，我們就也可以把天才看作是晚成的嬰兒。

天才與性

有的天才不但不在青少年時期滯留，反而在性和智力方面都成熟得很快。這方面的例子有拜倫和韓波。按弗洛依德的說法，「性的早熟往往伴之以智力的早熟。」

雖然我們可以在藝術家身上發現性早熟和智力早熟，但我們卻不可能在哲學家身上發現性早熟和智力早熟。哲學家一般在年輕時萌發自己的思想，但他們要到三十歲左右才會發揮和表達這些思想。哲學要求高水平的意識，而對無意識的抑制則阻止性早熟。對無意識的抑制有時乾脆阻止一切性活動，許多哲學家就因此而成為禁慾主義者。據說，柏拉圖「從未碰過女人一下」。帕斯卡、康德、齊克果和尼采也大致如此。

科學家也和哲學家一樣，要透過抑制無意識而獲得高水平的意識。這種抑制有時也阻止性活動。艾斯勒（K. R. Eissler）說，牛頓「從不知性交為何物」，植物學家孟德爾（Gregor Mendel）也大致如此。

然而，藝術和哲學不同。藝術不要求對無意識的抑制。相反，藝術要求無意識的介入。因此，藝術家在性生活方面往往是無所節制、放蕩不羈的[20]。

註釋

①傑出的歷史學家和社會學家，如泰西塔斯、吉本、托克維爾及韋伯，不屬於這四類的任何一類。同樣，也不能把傑出的心理學家，如弗洛依德和榮格，輕易地歸入這裡的任何一類，雖然他們也許應該可以說是哲學型天才。或許，應該為心理學家、歷史學家和社會學家等建立一個獨立的類別。

②《何布萊德遊記》，詹姆斯・包斯維爾著（James Boswell, *Journal of a Tour to the Hebrides*, August 15）。

③其他的曾有優越家境的天才人物有：叔本華、齊克果、威廉・詹姆斯、亨利・詹姆斯、卡夫卡和福克納。叔本華關於天才的起源的論述見《作為意志和表象的世界》（*The World as Will and Representation*, vol. 2, #43）；亞伯拉罕的論述見〈阿門豪泰伯四世〉（"Amenhotep IV" etc., 1912）。

④關於塞內加，見其劇本《米蒂亞》（*Medea*, chorus' second speech）；關於盧梭，見《愛彌兒》（*Emile*, Book 3）；關於傑弗遜，見其《給約翰・荷姆斯的信》（*Letter to John Holmes*, April 22, 1820）；關於托克維爾，見《美國民主》（*Democracy in America*, vol. 1, conclusion）。

⑤《德國宗教與哲學》，海因利希・海涅著（Heinrich Heine, *Religion and Philosophy in Germany*, "The Meaning of German Philosophy"）海涅不是唯一預見到納粹大屠殺的人。尼采著作中的一些段落證明尼采也預見到這個大屠殺。見《人性的，過於人性的》、《晨曦》、《善惡之彼岸》和《瞧！這個人》（*Human, All-Too-Human*, #475, *The Dawn*, #205, *Beyond Good and Evil*, ##241 and 251, and *Ecce Homo*, "Why I Am A Destiny", #1）。

⑥關於卡夫卡，見《與卡夫卡的談話》，G・芝納世著（G. Janouch, *Conversations With Kafka*, New Directions Books, 1971, p. 139），關於布爾克哈特，見《回憶、夢和省思》，榮格著（Jung, *Memories, Dreams, and Reflections*, ch. 8）。

⑦《阿道夫・希特勒》，約翰・托蘭德著（*Adolf Hitler*, by John Toland, 14, i）。

⑧《拿破崙其人》，德米奇・麥瑞芝考夫斯基（*Napoleon the Man*, by Dmitri Merezhkovsky）。

⑨關於叔本華，見《偉人：心理分析研究》，E・希施曼著（E. Hitschmann, *Great Men: Psychoanalytic Studies*, "Schopenhauer"）關於塞尚，見《藝術家的畫像》，約翰・蓋多著（John Gedo, *Portraits of the Artist*, etc., 9, vi）；關於杜斯妥也夫斯基，見葉米洛夫的《杜斯妥也夫斯基傳》（Yermilov, *Biography of Dostoyevsky*, Intro.）。

⑩《齊克果》，沃爾特・勞瑞著（*Kierkegaard,* by Walter Lowrie, II, 3）及《斯特林堡》，麥可・馬爾著（*Strindberg,* by Michael Meyer, ch. 3, and Franz Kafka, by Max Brod, 2）。

⑪《斯特林堡》，麥可・馬爾著（*Strindberg,* by Michael L. Meyer, ch. 9）。

⑫托爾斯泰的引言見《托爾斯泰回憶錄》，高爾基著（Gorky, *Reminiscences of Tolstoy,* #2）；關於維吉爾和米爾頓的綽號，見《失樂園及其他詩作》（*Paradise Lost and Other Poems,* Mentor Books, 1961, Intro.）。

⑬《達文西及其童年回憶》，弗洛依德著（Freud, *Leonardo and a Memory From His Childhood,* #5）及《作為意志和表象的世界》，叔本華著（Vol.2, #31）。

⑭《我是一個復活的記憶：弗朗斯・卡夫卡的自傳作品》（*I Am A Memory Come Alive: Autobiographical Writings of Franz Kafka,* "1923", Schocken Books, New York, 1974）。

⑮關於米開朗基羅，見《三巨人》，愛米爾・路德維格著（Emil Ludwig, *Three Titans,* "Michelangelo"）及〈創造力的臨床表現〉，W・尼德蘭德著（W. Niederland, "Clinical Aspects of Creativity", *American Imago,* spring-summer, 1967va1）；關於易卜生和齊克果，見《易卜生》，M・馬爾著。

⑯《三巨人》，愛米爾・路德維格著（Emil Ludwig, *Three Titans*, "Beethoven"）及《論愛情》，奧特加著（Ortega, *On Love*, 2, ii）；希施曼的引言見《偉人：心理分析研究》，愛德華・希施曼著（Edward Hitschmann, *Great Men: Psychoanalytic Studies*, "Goethe", etc.）。

⑰關於自愛與同性戀之間的關係，見〈男性同性戀的疾病分類學〉，桑得・費侖奇著（Sandor Ferenczi, "The Nosology of Male Homosexuality", 1911）及《性學三講》，弗洛依德著（Freud, *Three Essays on the Theory of Sexuality*, I, 1, A, footnote）。弗洛依德在《達文西及其童年回憶》中討論了同性戀起源的問題（*Leonardo da Vinci and a Memory of His Childhood*, 3）。

⑱關於古代希臘人，見《富有創造力的無意識》，漢斯・薩克斯著（Hanns Sachs, *The Creative Unconscious*, 4）及《歡愉的科學》，尼采著（Nietzsche, *The Gay Science*, #155）；關於原始人，見《性學三講》第一章，弗洛依德著。

⑲《信件集》，福樓拜著（Flaubert, *Letters*, 7/2/74; A）；《杜斯妥也夫斯基》，亞莫林斯基著（Yarmolinsky, *Dostoyevsky*, ch. 10）；《奧斯卡・王爾德》，R・愛爾曼著（R. Ellman, *Oscar Wilde*, chapters 5 and 8）。安尼東・弗朗斯對自然景觀也漠不關心。見《安尼東・弗朗斯其人》（*Anatole France Himself*, "The Ladybird in the Engravings"）。

⑳關於早熟，見《性學三講》總結篇，弗洛依德著；關於牛頓和孟德爾，見《天賦與天才：塔斯克對弗洛依德的虛構案件》，K・R・艾斯勒著（K. R. Eissler, *Talent and Genius: The Fictitious Case of Tausk contra Freud*, ch. 6）。

政治
Politics

沉溺於眼前

古羅馬格鬥士在即將上格鬥場，為生命決一死戰的前夕，會大吃大喝、痛快通宵。但是，絕大多數人是不完全只為現在而活的。大多數人都為了將來的目標而犧牲一些眼前的安逸。社會與個人一樣，也應該為了將來的目標而犧牲眼前的某些利益。**每一代人都應該不僅只為自己這一代人，而且也為下一代人和下幾代人而活。然而，民主社會卻置後代於不顧，只顧眼前，很像決鬥前夕的格鬥士。**

民主政府的政治家在選民面前爭取選票時，不提及後人的利益，而只談論眼前這群人的利益。後人因為沒有投票的權利，而喪失了在民主社會中的地位。民主從未將選舉權延伸到後人這一團體。民主社會對罪犯的關注倒比對後人的關注要大得多。民主社會的選民不為後人著想。他們絕不會為了後人的利益而投票，因為他們被現實所埋沒。後代是一個抽象的概念，我們既看不到後代的身影，也聽不到後代的聲音。後代只存在於思想之中。理解抽象的概念，包括後代這一概念，需要一個高度發展的意識水平。**民主社會對抽象概念絕不問津，它只關心眼前的一切。**

沉溺於個人

人不應該只考慮現在，人應該也考慮將來。同樣，人也不應該只考慮個人和個人的權利，人應該考慮整個社會。西方民主社會過份地考慮個人及個人的權利；它給予個人以如此之大的權利，以致於社會作為一個整體幾乎毫無力量。西方民主社會竭力避免專制主義，而它所付出的代價是走向無政府主義。無政府主義不是自由，而是自由的反面。無政府主義也是一種專制主義。專制主義有兩種：一種是國家專制主義（state despotism），一種是暴民專制主義（mob despotism）。無政府主義是暴民專制主義。

西方民主起源於對君主制的反抗，即對所謂濫用政府權力的反抗。創造西方民主的人強烈地反對濫用政府權力，因此他們就剝奪政府的權力，並以民眾取而代之。一個喪失了權力的政府不僅喪失了為害的權力，也喪失了造福的權力。一個喪失了權力的政府無法控制犯罪率，也無法控制人口增長率。在美國城市觀光的外國人可能會給民主下如此的定義：民主國家政府的權力極為有限。民主國家的政府沒有權力判公民以死刑，民主國家的罪犯倒有權力判公民以死刑，他們並且充份地使用這個權力。**民主國家的人民不懼怕政府，倒懼怕罪犯。**

中國的獨生子女政策雖然對個人來說是痛苦的，但卻有利於社會，雖然對這一代人來說是痛苦的，但卻有利於後代。西方民主社會根本不可能考慮這樣的政策。實際上，它們批評中國的獨生子女政策，說它違反人權。西方民主社會忽略社會、忽略後代，只考慮個人、只考慮眼前。

理想國

最理想的國家在無政府主義和專制主義之間取得平衡，在個人與社會之間取得平衡，也在現代人和後代人之間取得平衡。

種族革命

組成世界人口的種族在不斷變化，就像語言在不斷變化一樣。一萬年以後，現在的種族將衍變出一個或多個新的種族。種族衍變每天都在發生。比如，猶太人將逐漸被大量的非猶太人同化，並不再作為一個獨特的種族而存在。現在猶太人與非猶太人的通婚率比一個世紀以前高得多。保守、正統的猶太人對這一趨勢感到震驚，他們勸告年輕人不要跟非猶太人結婚。

假如通婚最終導致同化，那麼所有的種族最終都會逐漸同化為一個新的種族，因為，現在在所有的種族之間都有通婚的現象。那些人數少且與其他種族通婚率高的種族將最先被同化。無論何時，只要不同的種族互相接觸，通婚就會發生。當這種接觸持久下去，融合為一個民族的現象就會產生。林肯就預期，在美國，黑人和白人最終將融合為一個民族。

古人常試圖避免種族衍變，他們採用的手段是把社會以種姓等級化、實行種族隔離、或禁止不同種族通婚等。入侵印度的雅利安人採取的就是這種政策，入侵中國的蒙古人和滿族人採取的也是這種政策。一個種族總是竭力維持自己的生存，避免與別的種族融合，即使在別的種族的文明水平較高的情況下，也是如此。

移民的潮流把不同的種族帶到同一個地方，並因此而推進了種族的衍變。發達國家吸引大量的移民，比如美國和德國。（大多數入境美國的移民是非法的。非法移民的現象是美國政府無能的表現，是美國政府無法強烈地表達自己的意願，無法控制犯罪現象的表現。）貧窮的國家對移民沒有吸引力，比如愛爾蘭和中國。貧窮的國家向外的移民通常比他們所接收的移民多。

由於古希臘和古義大利較為先進和發達，他們所接收的移民量也就很大。在古希臘，外國人多於本國人。那時的移民多為非自願的，許多人是作為奴隸來到希臘和義大利的。我們無法肯定種族衍變對希臘和義大利所產生的影響，但我們卻可以說，種族的衍變在古代文明的退化中很可能起了推波助瀾的作用。

目前的多個種族融合為新種族的現象究竟對文明是有利還是有害呢？沒有人能夠回答這個問題，也沒有實驗或歷史研究可以提供肯定的答案。然而，文明的未來卻取決於對這個問題的答案。我們正盲目地走向未來。

對話：民主的未來

甲：完全消滅犯罪現象是不可能的。但是，如果政府對罪犯判處死刑，則犯罪率可大大下降。現代民主政府對犯罪現象的遷就，使許多本來可能成為守法公民的人成為罪犯。罪犯應當被判處死刑，而不應當只被監禁。監獄從未成功地改造過罪犯，那些從監獄裡放出來的罪犯往往再次犯罪。花在修建監獄上的錢可以派上其他更好的用場。

不僅刑事犯應該受到嚴厲制裁，而且非刑事犯也應該受到嚴厲制裁。現代社會中以欺詐拐騙為業者大有人在，根源在於政府對這類行徑過於寬容。人們開始相信，商業界是一個錯綜複雜、無理可講的地方，商業界是一個說謊者得天下的地方。這種輿論對於社會的道德氣氛是極為有害的。

現代社會中權威的崩潰不僅表現在城市街道和商業界，也表現在學校教室裡。課堂紀律的問題是影響現代教育的一個主要問題。

乙：你的話使我想起柏拉圖關於民主的論述。柏拉圖說，在民主社會中，百姓不尊敬統治者、學生不尊敬老師、年輕人不尊敬老年人。你想改造社會，並恢復權威的統治，這就像一個在海邊玩耍的孩子想築一道沙牆，以抵擋海浪的衝擊。你是不會成功的，你在與命運作戰。

假如我是你的話，我就心安理得地坐在家裡，把電視機打開，看著社會一點點坍塌。讓該發生的發生就是了。你應該去投那些激進政治家的票，他們對罪犯寬宏大量，他們會使天下大亂。讓權威瓦解，讓社會陷入混亂就是了。一旦權威徹底瓦解了，你的機會就來了。那時候，人民就迫不及待地要求改革了。一旦時機成熟，摧毀現存的民主制度，並以一個強有力的非民主的政府制度取而代之的革命就會發生了。想一想柏拉圖關於過份的自由最終會導致專制的理論，你就會放心了。今天的民主制度不會永遠存在下去的，難道不是嗎？雖然所有的政治制度在生活於其中的人看來，都是永恆的，但它們最終是會滅亡的。

甲：你假設民主注定要滅亡，你認定西方民主會被革命推翻。但是，你是唯一渴望這個革命的人。個人的不滿不能促成革命的爆發，只有大眾的不滿才能促成革命的爆發。你說社會的混亂會引起革命，但是，社會還沒有混亂到人們渴望革命的程度。今天的民主制度已牢牢地樹立了起來，它們比柏拉圖時代的民主要強大並穩固得多。再說，今天的民主社會忙於經商賺錢、毫無革命氣息。革命對經商有弊無利，所以，現代民主社會不會發生革命。最後，革命一般以戰爭為前導；我們的時代很少有重大戰爭，這就又減少了革命的可能性。假如你期待革命，你恐怕要等很久了。

但是，我同意你的意見，革命可能是件好事。然而，現在人們認為，唯一能代替民主制度的是希特勒和史達林式的專制制度。人們忘記了，歷史上曾有過明智而有益於人民的非民主制度。有權力的政府不一定只有破壞性；它有時也有建設性。然而，給予政府過多的權力卻是一件冒險的事。**民主制度就好比一個儲蓄銀行：冒險小而獲利少。非民主制度則好比一個股票市場：冒險大而獲利多。**投資於股票市場顯然要比投資於儲蓄銀行強。現在，人們只看到非民主制度黑暗的一面，就像投資者在一九二九年股票市場崩潰以後，只看到股票市場黑暗的一面一樣。人們忘記了，股票市場的行情一般是上升的；他們認為投資於股票市場是愚蠢的。

我們不一定非要在專政制度和民主制度之間作選擇，就好像投資者不一定非要在股票市場和儲蓄銀行之間作選擇一樣。明智的投資者會把一部份錢放進股票市場，一部份錢放進債券市場，另一部份錢放進儲蓄銀行。同樣，最好的政府制度是君主制（或專政制）、貴族制（或獨裁制）和民主制的結合。羅馬共和國是這幾種制度結合的典範，這種綜合性的政治制度使羅馬共和國明智而穩固的政府持續了幾個世紀之久。

讓我們把今天的美國民主和兩百年前的美國民主作一個比較。過去有限的選舉權現在已普及到越來越多的人。過去較高的獲選政府官員的資質已大為下降。過去曾尊敬並服從領導人的選民，現在不但不尊敬或服從領導人，反而反過來要求領導人聽從他們的指揮。其他的民主，如雅典民主，曾有過和美國民主相同的經歷。可見，就算民主在開始時顯示出優越性，到後來也是會逐漸衰退的：領導者蛻變為蠱惑民心的政客，自由蛻變為無政府主義。要是美國民主現在就漏洞百出，那麼兩百年以後的美國民主將不堪設想！

人們常說，民主制度是個很糟糕的政府制度，可又有什麼制度比民主制度更好呢？我不同意這種觀點。我認為，任何一種制度都比民主制度好。然而，夢想革命是沒有用的。我們必須接受民主這個現實，並儘量利用它。

乙：我無法接受民主。我們不應該試圖利用它。我們應該盡力以不同的政治制度代替它。民主引以為驕傲的不是人治，而是法治。但是，法治卻最終成為律師的統治。律師可以任意解釋法律。律師運用法律制度的目的不在於濟公，而在於肥私。當美國電影家伍迪・艾倫（Woody Allen）被捲入一件兒童監護案，並被控訴有兒童性騷擾行為時，原告的律師告訴伍迪說，如果他繳付七百萬美金，他們就不再追究。美國律師經常向個人和大公司敲詐勒索。在這一方面，美國的法律制度並不是絕無僅有，古代雅典的法律制度也同樣腐敗。許多雅典人靠假控富人為生，他們希望受控人用錢收買他們，以使他們放棄指控。這個假控富人的行業在雅典就像它在今天的美國一樣熱門。

更進一步說，**民主國家沒有長期計劃，沒有遠大目標。在民主國家中，政治與重大思想紛爭無關，而只與物質有關，只與怎樣賺得多和怎樣花得少有關。**民主政府中的領導人關心的只是國民生產總值和下一屆選舉，他們對文化的發展不聞不問。**接受民主這個現實就是接受衰退的現實，就是接受人類朝文明發展的低級階段，即野蠻狀態倒退的現實。**

甲：將來對我們仍然是未知的，因此我們應該抱有希望。西方文明就好比一個在比賽結束五分鐘前還落後二十五分的籃球隊，它不敢對獲勝自信，但它還有希望獲勝。這也像打籃球的人常說的：「不到打完是不算完的。」文明可能會在某個遙遠的國度生存，或暫時死亡，就像它在黑暗的中世紀所經歷的那樣。但是，**文明最終總會起死回生**。

古羅馬與現代西方

老加圖（Cato the Elder）曾提過這樣的問題：**羅馬失去了敵人會怎麼樣？**當羅馬社會面臨強大敵人時，它一直是健康而有力的。然而，**一旦它失去了強大的敵人，它就開始衰退了**，正如老加圖所預言的那樣。當代西方社會沒有強大的敵人，甚至即便它們有強大的敵人，這些敵人也都受到核子武器的牽制。現代西方社會享有前所未有的和平與安全及前所未有的豐富物質。

現代西方社會正在衰退，因為它們已佔據了人類長期以來所嚮往的東西：和平

與富足。和平與富足使人耽於享樂、追求財富，並使人不願為理想獻身。動物在生存環境不再富有挑戰性，或不再困難重重時，就趨於退化。同樣，長期生活在和平富有的環境中的人也會退化。米爾頓在意識到戰爭具有破壞性的同時，也意識到和平是衰退的根源，他寫道：

我曾希望
當暴力停止，戰爭結束，
一切即將美好……
然而，我完全錯了，我發現
和平的破壞力不亞於戰爭①。

正如和平與富足使羅馬文明最後滅亡，和平與富足似乎也注定要成為西方文明滅亡的緣由。

展望未來

古希臘曾有過輝煌的文化，但這個文化已經作古。同樣，幾千年以後人們可能會說，西方作為一個整體，曾有過偉大的文化。然而，那文化如今已不復存在，並且它還可能會繼續停滯或衰落下去，並最終降低到現在某些第三世界國家的水平，即政治的動亂、經濟的崩潰和文化的荒蕪。

註釋

①《失樂園》（*Paradise Lost*, XI, 779）。

語言

Language

語言的變化

歐洲人一度認為，希伯萊語是人類第一語言，認為希臘語和拉丁語都是從希伯萊語派生出來的。畢竟，希伯萊語是《舊約》使用的語言，是描述世界之初的語言。學者們花費了很大的力氣去尋找希伯萊語和希臘語及拉丁語之間的聯繫，但是他們的努力都沒有成果。曾有一個學者建議說，既然希伯萊語是從右向左書寫的，而希臘語是從左向右書寫的，那麼，如果從右向左閱讀希臘字就可能找到其希伯萊語的根源。這一努力也沒有任何結果。

十七世紀末，**哲學家萊布尼茲成為第一個主張希伯萊語不是人類第一語言的人**。萊布尼茲鼓勵傳教士和旅行家們記載他們所發現的關於語言的記錄；他引發了對語言研究語言的興趣。在北美洲的旅行家們注意到美國印第安人有許多種語言，並且這些語言變化很快。語言的多變性是政治的分化局面引起的；當一種語言被一小部份人說著，而又沒有一種書面文學使它固定，這時候迅速的語言變化就發生了。

漢語是非常穩定的語言，因為中國有高度的政治大一統和長期的文學傳統。由於漢語的變化很小，它仍然具有原始語言的某些特點。漢語和一切原始語言一樣，完全由單音節組成；它不要求尋找某個詞的詞源，因為每個詞都是一個詞源。漢語也和一切原始語言一樣，沒有語法。漢語名詞的複數表達是靠加上一個別的表示多數的詞；漢語動詞的過去事態的表達是靠加上一個表達過去時間的短語。簡言之，漢語表達語法變化的形式不是靠字詞本身的變化，而是靠加上別的表達數字或時態的字詞。

和漢語不同，希臘語和拉丁語的字詞有許多依語法功能而變化的不同形式的變化。羅馬人為了方便希臘語的學習，開始研究語法。很快，語法就變成羅馬學者熱衷的事情。凱撒在高盧戰爭期間寫過一本語法書，實際上，是凱撒發明了「奪格」（ablative）這個語法詞。

如果把語法看成是一種進步，認為希臘語和拉丁語比漢語先進，因為前兩者具有較細緻的語法，那就錯了。實際上，語法是語言倒退的標誌。所有的語法形式都曾經是單獨的詞彙，這些詞日久天長就退化成詞尾。讓我們以英語的過去式為例。在英語裡，詞尾加 ed 表示過去式。這個詞尾曾經就是一個單獨的詞 did。現在英國人說「I loved」，以前他們說「I love did」。

法語的副詞是另一個語法形式以前曾是單獨詞彙的例子。法語的副詞靠在形容詞後面加ment。這個ment從前是一個單獨的詞mens或mente，是頭腦的意思。比如，fortement（強烈地）從前是forti mente（意志堅強或堅強）。

這種單獨字詞合成為語法形式的現象有時叫作「語音衰壞」（phonetic corruption）。「語音衰壞」允許說母語的人不費力氣地說話，卻給外國人學習語言增加了困難。比如，「I loved」比「I love did」要容易說些，但一個外國人就可能覺得「I love did」更明確些。非洲人被帶到美國來做奴隸時，就常用「do」表示現在式，用「done」表示過去式。美國黑人現在還說「I do love」或「I done love」，他們不說「I love」或「I loved」。

梵語

就像歐洲人被希伯萊語和希臘語、拉丁語之間的聯繫所困惑一樣，他們也被梵語和希臘語、拉丁語之間的聯繫所困惑。十八世紀末，蘇格蘭作家蒙博多（Lord Monboddo）發現「梵語中的數字肯定跟希臘、拉丁文中的數字有密切聯繫。」①梵語是印度古代文學的語言，就像希臘語或拉丁語是西方古代文學的語言一樣。梵語跟希臘語及拉丁語之間的緊密聯繫就像法語跟義大利語及西班牙語之間的緊密聯繫一樣。有些歐洲人不能相信來自遙遠印度的黑皮膚的殖民地人種能有一個古老的文學傳統，能有一種跟希臘語和拉丁語相近的文學語言。有一個學者認為，梵語及其文學是當代人為了模仿歐洲語言和歐洲文學而假造的語言。

十九世紀初，德國作家施萊格（Frederick Schlegel）第一個宣布梵語、希臘語和拉丁語出於同一語系；這個語系還包括德語和凱爾特語；這個語系後來被稱為印歐語系。印歐語系發源於雅利安人，他們大概先住在中亞，後遷徙到印度、伊朗和歐洲（伊朗這個詞就是雅利安的意思）。

方言

每一種語言最初都是各種方言的總和。每個村莊都有自己的方言，村莊離得越遠，方言差距越大。**一旦某種方言被記錄下來，這種方言就變成了標準語言，它就可能取代別的方言**。比方說，拉丁語就曾經只是義大利的一種方言，可是後來它被書寫了下來，它就變成了標準語言。德語也曾是一個包括許多方言的語言，後來路德把《聖經》譯成了「上德語」（High-German），「上德語」就變成了標準的德語。

如果一個書面的語言不進步、不變化、不成長了，它就可能變成「死的語言」；這種語言非但不能取代其他語言，還有可能被其他語言所取代。拉丁語就是最終被它的各種方言——羅曼語言，所取代了。這一過程被稱為「**方言的報復**」（the revenge of the dialects）。

英語最初是德語的一個方言，即所謂「下德語」（Low-German）方言中的一種。英語的語法起源於德語；英語的代詞、介詞等也起源於德語。然而，儘管英語基本上屬日爾曼語種，但英語字典中三分之二的詞都有拉丁語或希臘語的詞根。英語的單音節詞通常可以追溯到德語，多音節詞通常可以追溯到拉丁語或希臘語。

語言的起源

語言源於發聲，語言開始於原始人想用聲音表達自己思想和感情的嘗試。在以下的英語詞彙中，我們仍然可以看到聲音與詞彙之間的聯繫：gloomy（沮喪的），cheerful（快樂的），dark（黑暗的），light（輕的），sad（悲傷的），happy（高興的），skinny（瘦的），fat（胖的）等等。

姓名的四個來源

西方的姓氏一般有以下四個來源：職業、血統、地區和性格特點。來自職業的姓氏有：木匠（Carpenter）、皮匠（Tanner）、鐵匠（Smith）、石匠（Mason）、漂洗工（Fuller）、白鐵工（Tinker）、鋸木工（Sawyer）、織布工（Weber，德語）等等。來自血統的姓氏有：約翰之子（Johnson）、羅伯特之子（Robertson）、湯普遜之子（Thompson）、大衛之子（Davidson）、威爾之子（Wilson）、布萊恩之子（O'Brien）、唐納德之子（McDonald）、拉爾之子（Larsen）、易卜之子（Ibsen）派特里克之親生子

（Fitzpatrick）等等。來自地區的姓氏有：森林（Forest）、湖泊（Lake）、小丘（Hill）、大山（Mount）、教堂（Kierkegaard，丹麥語）等等。來自性格特徵的姓氏有：迅捷（Swift）、強壯（Strong）、矮小（Short）、白皙（White）、棕黃（Brown）、黧黑（Black）等等。還有些姓氏同時有一、兩個來源，比如小鐵匠（Kleinschmidt，德語）。

註釋

①見《語言科學講稿》第四章引語，麥克斯·福勒助著（Quoted in F. Max Muller, *Lectures on the Science of Language*, ch. 4 , Longmans, Green, and Co., London, 1882）。

雜感

Sundry Thoughts

沉睡多年以後

一、兩百年前，西方的許多人都很博學。他們既懂現代語言，也懂古希臘語和拉丁語。他們既研究古代文學和現代文學，也研究人文學和自然科學。有些人認為，那時候，**知識過剩到了窒息創造力的程度**。一七七五年，李希騰堡在一篇文章裡指出，當時的文化需要「具有強心作用的新文盲狀態」。尼采也認為，知識窒息了創造力。**一八七八年，尼采談到一種「文化的負擔令人感到壓抑」，並認為只有在這個負擔被解除之後，第二次文藝復興才會到來**[1]。

從李希騰堡和尼采發表這些評論到現在，知識過剩的年代已讓位於知識稀少的年代，知識稀少的年代又幾乎已讓位於知識全無的年代。目前的西方世界絲毫不重視文學，我們有理由為西方世界正失去自己的文學遺產，並退回到野蠻和黑暗時代的狀況而擔憂。然而，我們也有理由懷有希望：現代文化實現了李希騰堡和尼采的斷言，它擺脫了過去知識過剩的負擔。覺醒於長眠之後，我們將更加精神煥發。正如文藝復興時期的人文主義者重新發現古希臘和古羅馬的古典文化一樣，我們將重新發現古典文化，猶如我們第一次發現它。我們時刻準備著第二次文藝復興的到來。

孤軍奮戰

古希臘黃金時代最顯著的特點是其最佳作家和藝術家與時代具有一致的精神，而時代精神又把他們推向當時文化的頂峰。當我們觀察培里克利斯時代（the age of Pericles）時，我們所看到的不是幾位傑出的個人，而是整個文化的高度發展。

十九世紀文化最顯著的特點是其傑出的個人。十九世紀的偉大作家與時代不具備一致的精神。他們堅決地抵制當時的文化。他們認為，要達到現代世界文化的頂峰，就必須孤立自己。

二十世紀文化最顯著的特點是它既缺少傑出的個人、又表現很低的水平。二十世紀的文化既沒有古希臘文化的質量，也沒有十九世紀文化的質量。我們時代文化發展的唯一希望在於為數不多的、有能力脫離當代文化、孤軍奮戰，並從昔日文化中汲取力量的個人。我們所能效法的最好榜樣是十九世紀的傑出個人，而不是培里克利斯時代高度發展的文化。要提高現代文化的一般水平是不可能的。現代文化的一般水平比十九世紀文化的一般水平低，而且它還會繼續下降。

現代藝術

每一個藝術家都以一種宗教、一種世界觀、或一種哲學指導自己的藝術實踐。在十九世紀末，西方的世界觀受到傳統宗教和傳統道德觀衰敗的衝擊；這個衰敗在尼采的哲學中顯而易見。以後，西方的世界觀又受到第一次世界大戰和第二次世界大戰的衝擊；這兩次戰爭使人們認為，文明崩潰了，前景不堪想。由此，西方世界陷入了精神危機、虛無主義；這個危機在西方的藝術中也有所反映。

現代藝術家所面臨的世界似乎沒有意義、沒有美，也沒有詩。城市失去了舊日的美，鄉村被日益擴展的城郊所侵蝕。貴族，即有閒階級，被瓦解了；如今，所有的人都必須工作，所有的人都必須賺錢，所有的人都必須做從前看來不光彩的事。君主的輝煌不見了，宗教的理想不見了，從軍的榮耀不見了，農夫的簡樸也不見了。

面對著一個似乎既沒有意義，也沒有美的世界，面對著一個沒有榮耀、沒有英雄的世界，現代藝術家就決定沉溺於藝術創作的過程。過去，藝術家總是表現世界和美化世界。現代藝術卻完全置世界於不顧，它似乎在說：「醜陋的現實世界令人沮喪，我可不願跟它沾邊兒，還是躲進油彩、畫框和過程的好。」（在現代文學和現代音樂中，也有類似的對過程的注重；其起因與現代藝術的相同。）現代藝術由於只注重過程，竟成了陽春白雪，曲高和寡。下里巴人們對現代藝術感到莫名其妙；他們說：「每當一件作品叫我發問『這到底是個什麼玩意兒』時，我便知道，那是現代藝術。」

過去，藝術總是循規蹈矩，不越雷池一步。無論是詩人、雕刻家或畫家，都必須經過長期的學習和訓練，才能掌握一種藝術形式的規則。而只有在掌握了這些規則之後，他們才有資格自稱為藝術家，並進而去嘗試創作。與此相反，現代藝術摒棄了所有的規則和條例，這使得任何人都可以先拋出某種稀奇古怪的東西，然後就自詡為富有創造力的藝術家或天才。現代藝術家懂得，著名的藝術家在其生活的年代就引起爭議，因此，他們就認為，具有爭議性就是具有創造性；因此，他們就竭力創造能引起爭議的作品。現代藝術家令人想起那些為了引人注目並引起騷動而一絲不掛地在街上狂奔的人。

當代美術界的現狀是西方文明正處於嚴重危機狀態的最明顯的標誌之一。

模仿天才

天才有兩個特徵：第一，天才的創造有賴於無意識的活動；第二，天才的創造是創新，是前所未有的。然而，現代藝術對無意識的表現是做作的。現代藝術有意地誇大創造力。**現代藝術的混亂和瘋狂，部份地歸咎於對無意識和創造力的刻意追求。天才的創造力出於自然，現代藝術家的創造力則矯揉造作。現代藝術是天才的拙劣模仿。**在中世紀，絕沒有人自詡天才，因為，每個人都把自己看作整體文化的一部份。而現在，人人都自詡天才，因為，現在誰也不把自己看作整體文化的一部份。現代社會像一個由無數將軍所組成的軍隊。

中國繪畫

在中國，最重要的一種繪畫是山水畫。中國繪畫跟西方繪畫一樣，也是以人物畫開始的。一直到公元九百年左右，山水畫才成為中國繪畫中佔主導地位的一種繪畫。在西方，風景畫直到十九世紀才顯出其重要性。為什麼山水畫在中國比在西方是一種更為重要的繪畫呢？為什麼山水畫在中國比在西方發展得早得多呢？在西方，文化的發展被一個很長的叫做「黑暗時代」（即中世紀）的歷史時期所窒息了；在「黑暗時代」裡，古希臘和古羅馬的的成就大部分都喪失了。而在中國，文化的發展卻較為穩定和持續；中國沒有一個歷史時期可以跟歐洲的「黑暗時代」相比。

進一步地說，中國人跟西方人相比，中國人通常更加放鬆，對自然更為容納。中國的宗教，比如道教和佛教禪宗，都推崇沉寂和被動。而西方人呢，則更加主動和忙碌，所以他們就對自然不那麼容納，就對風景繪畫不那麼感興趣。

我們可以把中國的山水畫分成四個類型：印象山水、人物山水、樸素山水和仿照山水。印象山水是一種客觀的繪畫。在這種繪畫中，很難發現畫家的個性；這一點很像荷馬的詩歌。在這派繪畫中，自然是令人敬畏的，畫家似乎直接受到自然的啟示。這種繪畫是北宋（公元九百年左右）的產物。它很像十九世紀西方藝術家，如特納（Turner）的繪畫。

人物山水是南宋（十三世紀左右）的產物。在這派繪畫中，自然不再是令人敬畏的了，它不再在人面前居高臨下了，人成為繪畫中重要的一部份了。畫家描繪文人對自然的欣賞；畫家不僅描繪自然，也描繪人對自然的反應。這在西方繪畫中是少見的。西方繪畫，尤其是一個叫做義大利風景畫派別的繪畫，常常描繪包括廢墟在內的風景。這樣的風景使人產生關於已消失的文明和時間的流逝的聯想。這與南宋山水畫中人物的想法很不一樣。南宋山水畫中的人物能夠欣賞自然正是因為他的腦子裡沒有充滿了想法。他充分沉浸在彼時彼刻之中，不用讓歷史的思考打擾自己。人們有時用「我寧願身居此時此刻」這句話來概括佛教禪宗；南宋山水畫中的人物就是身居「此時此刻」——在現在，而不是在過去或將來。

樸素山水是元代（十四世紀左右）的產物。樸素山水缺少北宋山水畫那種有趣的細節，也缺少南宋山水的那種甜蜜感。樸素山水一點也不想取悅於觀眾，一點也不想讓人喜愛。它只反映畫家靈魂的寂靜，也表現畫家對大眾性的輕蔑和對取悅大眾的伎倆的輕蔑。

中國主要的畫家很少是職業性的；他們通常拒絕為錢作畫，他們把職業繪畫看作是「工匠畫家」。中國的主要畫家是詩人、書法家，也是畫家——所有這些都不是職業的。他們對職業畫家的技術操作毫無敬意。他們對自己的繪畫並不是絕對認真的；他們常說畫家是「舞文弄墨，自我消遣」。

樸素山水是一種表現這些價值觀的繪畫。中國的繪畫評論界推崇樸素山水是因為他們崇敬創造這些山水畫的文化人士。他們相信「作品的質量反映畫家的素質和品格」。同樣，在文學領域裡，中國評論家也相信只有像樣的人才能寫出像樣的文章。創作者比作品更加重要。中國文化是一個把人放在第一位的人本主義文化。中國人相信，「人使真理偉大，而不是真理使人偉大。」

模仿山水是中國山水畫的最後一個階段，它是中國最後一個朝代，清代的產物。畫家們不再直接對自然做出反應了，他們對早期的畫家做出反應，並模仿早期畫家的風格。

然而，清代的畫家也不是完全沒有創造性的。清代的畫家開始比中國早期的畫家在扭曲現實方面走得更遠一點，十八世紀的清代畫家對現實的扭曲跟梵谷和高更差不多了。但是中國畫從未邁出西方繪畫在梵谷和高更以後所邁出的那一步，即中國繪畫從未走向徹底的抽象，它總是或多或少地保持著與外部世界的聯繫。有些清代畫家，如石濤，就取得了偉大文化通常取得的成就。這就是主觀印象和客觀真實的統一。

西方文化的輓歌

文化的衰朽表現在四個方面：心理的衰朽、精神的衰朽、環境的衰朽和生理的衰朽。心理衰朽是不可意識的，是一種暫時的生命意志的衰弱，是生的本能的衰弱。即使是最健康的文化也會時而經歷心理的衰朽。心理衰朽是文化衰朽中最輕微的一種。

心理衰朽是不可意識的，而精神衰朽是可意識的。精神衰朽是現行信仰系統，即現行宗教的崩潰。假如心理衰朽是衰亡的同義詞，精神衰朽就是虛無主義

（nihilism）的同義詞。人類已經歷了許多精神衰朽的階段。心理衰朽通常導致精力與健康的新階段，精神衰朽也通常導致發展與進步的新階段，或導致在舊信仰系統的基礎上獲得改善的新信仰系統的建立。

環境衰朽指的是對文化不利的社會環境，即低水平的大眾文化和健康文化傳統的匱乏。環境衰朽比心理的和精神的衰朽都更為嚴重。

生理衰朽意味著天才的滅絕，意味著社會喪失了產生天才的能力。人類在地球上的存在是一個偶然事件，它既不是注定的，也不是宇宙永恆的特徵。人類產生天才的能力也是如此，它是偶然的，而不是人類本身的自然特徵。生理衰朽與環境衰朽有著同樣的嚴重性。

現在西方文化正同時經歷著心理衰朽、精神衰朽和環境衰朽。心理衰朽從未持久過。心理衰朽愈到極限，就愈會走向反面，即走向一個健康的、復興的文化。因此，西方世界不必懼怕心理衰朽，也不必懼怕精神衰朽。**當西方世界從以上帝為中心的信仰體系轉向以文化為中心的信仰體系時，它那現行的精神衰朽就會逐漸消失。西方世界正把它的強調重點從來世轉向今生，從彼界轉向此界，從宗教的目標**

轉向文化的和政治的目標。

對西方世界構成最大威脅的是環境衰朽，即缺乏政治權威和政治領導、社會的無政府主義、低質量的大眾文化、缺乏健康的文化傳統、窮奢極欲的生活方式以及日益衰敗的教育體系。但是，西方世界還沒有受到文化衰朽中最嚴重的一種，即生理衰朽的威脅。在上兩個世紀中，西方世界已經充份地證明，它是有能力產生天才的。

總而言之，下一個世紀西方文化的前景是光明的。然而，下一個世紀以後，西方文化的前景就並非如此了，因為心理衰朽會不可避免地重現，環境衰朽又幾乎肯定會繼續，生理衰朽也最終會出現。下一個世紀該不是我們為西方文化唱輓歌的時候吧？

迫害生者、頌揚死者

富有創造性的人不附庸思想界的風雅，他往往既不被他的同代人所理解，也不被他的同代人所賞識。人們要麼把他打入冷宮，要麼向他群起而攻之，要麼對他橫加迫害，有時甚至將他處以極刑。

然而，正是那些漠視他、譴責他、迫害他的人爭先恐後地向昔日的創造性人物大唱讚歌。他們說，我們是不會對毒死蘇格拉底投贊成票的、我們是不會對焚燒布魯諾（Bruno）袖手旁觀的、我們是不會朝盧梭的住所投擲石塊的、我們是不會嘲笑齊克果細瘦的雙腿和長短不齊的褲腳管的、我們是不會騷擾或羞辱梵谷的。但是，假如一個當代的蘇格拉底、或一個當代的布魯諾、或一個當代的盧梭、或一個當代的齊克果、或一個當代的梵谷站在這些人面前，假如一個富有創造性的人出現在這些人面前，他們就漠視他、譴責他、迫害他。

微妙的平衡

一首新的樂曲總讓人覺得不那麼悅耳，正如希臘諺語說的：「新樂刺耳。」然而，不厭其煩地賞聽同一首樂曲也同樣乏味。就欣賞音樂而言，在新奇與厭煩之間有一個微妙的平衡。

接納生人

在鄉村，人與人相遇是件愉快的事：人們對他人的存在懷有感激之情，人們喜歡和他人相處。在小城市裡，人們對他人的存在持無所謂的態度；人們既不討厭他人，也不喜歡他人。在大城市裡，人們巴不得人口越少越好，人們對他人感到恐懼和厭煩。

農夫與哲人

種瓜人收穫南瓜只需極少的時間；他的大部份時間都用在準備工作上，如犁地、播種、除草等。同樣，哲學家撰寫哲學著作也只需很少的時間；他的大部份時間也用在準備工作上，如閱讀、思考、交談和生活；這最後的一點最重要。假如一個哲學家聽到種瓜人的鄰人對他說：「你怎麼可以自稱種瓜人呢？我從來也沒見你收過南瓜呀！」這個哲學家一定會理解種瓜人的苦衷。

大眾輿論詞典

過得不錯（Doing Well）：賺大錢。（又見「事業成功」）

弗洛依德（Freud）：過時嘍。他的理論無法驗證。

謀生（Living, To Make A）：生活的基本意義。有一份好生計的人是賺大錢的人。

神經兮兮（Neurotic）：所有跟你合不來的人。

尼采（Nietzsche）：算不上一個真正的哲學家。

哲學（Philosophy）：沒什麼市場吧？

權利（Right）：人之所欲，人理所當然應該擁有的。人有權有一份工作；人有權有一所住房；人有權了解哪些權利屬於自己；人有權上街遊行，要求屬於自己的權利；人有權為自己創造新的權利。

事業成功（Successful）：賺大錢。

電視（Television）：時髦的說法是，我可不常看。

女人（Women）：在現存的父系社會未曾得到機會，所以，沒在文化領域有所作為。

註釋

①《李希騰堡文選：一七七五》（*The Lichtenberg Reader*, "1775", Boston: Beacon Press, 1959），又見《人性的，過於人性的》，第四十四條，尼采著。

生死本能

Life- and Death-Instincts

人性、動物性

從哲學問世到現在，從蘇格拉底到康德，人們一直相信理性是人的本質、理性是人的特徵、是理性把人和動物區別開來。哲學家們說，人具有理性，因此人與上帝相近、人是自然之王、人介於上帝與動物之間。許多哲學家認為，人應當服從理性，而不應當服從動物性；人應當讓理性的一面駕馭動物性的一面。比如，康德就說，人應該遵循忽略情感和心願的道德原則。他還說，人應該追求純粹的、公正的知識。康德和早期的哲學家一樣，把人與動物世界區別開來。他說，人本身就是目的，而動物不過是手段。

叔本華脫離了這些思想，但並不徹底。他把人的大部份行為歸結於無意識，用他的話說，就是「意志」。由此，叔本華降低了理性或理智的重要性。但是，叔本華又認為，人能夠否定自己的意志，也就是說，人可以擺脫無意識的控制。對叔本華來說，人生的目的在於否定「意志」，從而成為聖人或天才。在叔本華看來，道德領域和思想領域的最高成就是獨立於無意識的純粹心智和思想的成果。

尼采和弗洛依德比叔本華又前進了一步。他們同意叔本華的觀點，認為人與動物有許多相似之處、意識不過是無意識的表皮、人受無意識的驅使，尤其是受強烈的性意識的驅使。然而，尼采和弗洛依德卻不同意叔本華關於人可以否定「意志」，擺脫無意識控制的理論。叔本華說，聖人和天才達到了高級存在的境界；他們超越了動物的本能，進入了純粹心智的領域。尼采和弗洛依德卻反駁說，所有的人，包括聖人和天才，都受無意識的驅使。他們認為，純粹的心智是不存在的，心智總是受軀體和無意識的影響，甚至偉大藝術家和哲學家的心智也受無意識的影響。按照尼采和弗洛依德的理論，人不是介於上帝與動物之間，而是動物世界的一部份；人不可能超越動物的本能。他們認為，連人在文化和宗教領域內最高尚的思想成果也是源自人使生活更美好、更舒適、更條理化的意願。

弗洛依德觀點

叔本華說，一切有機生命都有同樣的基本「意志」或本能，即生存意志。尼采說，一切有機生命都試圖使生存更進一步；它們試圖顯揚自己，試圖增強自己的力量。尼采用權力意志（a will to power）理論代替了叔本華生存意志（a will to life）理論。但是，尼采的權力意志理論有它的弱點。雖然這個理論能夠解釋人類，但要拿它來解釋動物和植物世界，就顯得牽強。我們必須偷換「意志」一詞的含義，然後才可以說動物和植物也有權力意志。進一步說，權力意志理論誇大自我這一動力的重要性，忽視非自我這一動力，即利他主義動力的重要性。這種利他主義動力在整個有機世界中都可以見到，即在植物、動物以及人類的世界中；這種利他主義動力在群居動物中尤其明顯，如螞蟻和蜜蜂。

弗洛依德的生死本能理論則沒有尼采理論的弱點。弗洛依德的理論把人與其餘有機生命的世界結合了起來。按照弗洛依德的理論，一切有機生命都是從先前的有機生命演化而來的，所以，一切有機生命就都相互聯繫。植物、動物和人都具有同樣的基本本能，即生與死的本能。按照弗洛依德的理論，生的本能迫使每一種有機生命不僅促進個體的發展，也促進家庭、群體和整個同類的發展。也就是說，所有的有機生命都具有利他主義動力。

戴震觀點

西方哲學從強調理性轉向強調本能，中國哲學也經歷了同樣的路徑。當新儒學強調理性之重要性時，十八世紀的思想家戴震就強調本能的重要性。戴震認為，世上沒有純粹的理性；任何理性都不脫離情慾與本能。戴震認為，道德原則源自人的生存動力與本能，而不源自善心、理性或正義感。照戴震所說，人的生存動力不是完全以自我為中心的。美德不在於抑制這些動力，而在於平衡地使用這些動力。

快感與性

快樂和性活動通常被看作人的本能所欲達到的目的。弗洛依德在他的早期學術生涯中，詳細論述了「快樂原則」（pleasure principle），並指出人生的基本目的是實現快樂，人的基本快樂是性活動。但是，他又在他的晚期學術生涯中，闡述了生死本能理論，並指出快樂和性活動不是人生的基本目的。

性的快感是引人繁衍後代的誘餌。生的本能給人以性的快感，並以此引誘人達到繁衍後代的目的。人與動物和植物一樣，都是生死本能的產物。生死本能促使人繁衍後代，就像它促使動物和植物繁衍後代一樣。繁衍是目的，快樂和性活動是手段。除去一切誘惑，人的本性就現出其本來面目。很顯然，人的基本驅動力、人的本質和動物與植物的本質是一樣的。生死本能是一切有機生命的驅動力。

死的本能

我們可以在人的許多行為中發現生的本能的影響。的確，人的存在本身就證明生的本能的存在。另一方面，死的本能卻往往躲在幕後，不為我們所覺察。只有少數觀察家發現了死的本能的存在。比如說，榮格就指出，「里比多不僅不停地向前運動……它跟太陽一樣，也期待著自己的下降。」羅馬哲學家塞內加也注意到死的本能，他寫道：「人必須躲避那曾征服過許多人的情感——死的慾望。」狄更斯（Charles Dickens）對死的本能有過如下的描述：「在瘟疫流行期間，有的人會對瘟疫產生一種秘密的依戀——即欲死於瘟疫的閃念。」尼采也談及過「那些絕望的芸芸眾生對『死亡萬歲』（long live death）的瘋狂吶喊響徹歐洲上空。」①

力量的平衡

所有的有機體都是生的本能和死的本能的結合。既然死的本能與生的本能各具其力，死的本能一般便不造成有機體所必經的死亡。死的本能不終止人的生命，但卻阻止人的活動，正如一個田徑運動員腳腕上的沙袋，它並不阻止運動員跑步，但卻使他減速。

預感死亡

人們經常可以預感到自己的死期，這至少部份地歸因於人的死念，即死的本能，導致人的死亡。**人們可以預見自己的死亡是因為他們期望死亡。**

林肯預感到自己會在第二屆總統就職期間被刺殺。儘管許多人都勸告林肯多加小心，以防被刺，但他卻不以為然。他非但不採取防範措施，反而似乎期待著它的發生。梵谷在三十歲時預感到，自己將在六年到十年間死去；他死時三十七歲。齊克果在二十九歲時，身體還很健康，但他卻寫道：「我是活不長的（我有一種直覺），我從來也沒想活得長。」②他死時四十二歲。濟慈也在身強力壯時預感到自己會早夭；他死時年僅二十五歲。拜倫在準備去希臘時，預感到自己將死在希臘；他於三十六歲死於希臘。

當一個人完成了他力所能及的一切，或說當他大功告成時，他就期望死亡。比方說，林肯就可能感到，打贏了南北戰爭，他的事業就結束了。拜倫也可能感到自己的創造力到了極限。

絕不是砲彈

人們對早夭的作家的作品往往做如下的評論：「濟慈在二十五歲時的成就比莎士比亞和米爾頓在二十五歲時的成就大得多。假如濟慈活到七十五歲的話，他會寫出七部比《哈姆雷特》還要好的戲劇，或會寫出三部比《失樂園》還要好的史詩。」這種推理認定，天才的成就像砲彈朝房頂落下的速度一樣，可以用圖表來顯示。然而，天才是多變的和不可預知的，天才的漲落是無法用方程式來表達的。天才使數學無能為力。

長壽的天才一般在二十幾歲時無所成就。長壽的天才工作節奏較慢，他們知道自己還來日方長。與此相反，早夭的天才工作節奏較快，他們知道死亡就在眼前。

天才能預知自己有多少時間，並相應地調節工作節奏。

對七十五歲的濟慈能做出哪些成就苦思冥想是毫無用處的。濟慈的早夭是他個性的表現，正如他的詩歌是他個性的表現一樣。對濟慈不早夭的假想猶如對濟慈不是詩人的假想。濟慈的早夭是命裡注定的，正如濟慈成為詩人是命裡注定的一樣。假設七十五歲的濟慈會比莎士比亞貢獻大，就好比是說：「約翰用四分鐘跑了一英哩，所以約翰就可以用一百零四分鐘跑完二十六英哩，也就是說，他可以輕而易舉地贏得馬拉松賽的金牌。」

間接自殺

疾病往往襲擊那些想要得病的人，而那些不想得病的人則往往能戰勝疾病。事故也像疾病一樣，往往降臨到那些想要遭遇事故的人頭上。想要遭遇事故的慾望有時是有意識的，有時是無意識的。亞伯拉罕談及過「許多產生於無意識動機的自殺和自殺未遂的例子。心情憂鬱的人往往不採取最基本的預防措施。……無意識的自殺性事故包括無數的山中墜死的事故。」

死刑也像疾病和事故一樣，有時降臨到那些想死的人頭上。比如，假如蘇格拉底和耶穌想活下去的話，他們是可以避免死刑的，但他們並不想活下去。尼采說，蘇格拉底和耶穌的死是變相自殺。同樣，王爾德也是自找的受審、判罪以至身陷囹圄。他的衰落和早夭也是延遲的和變相的自殺。王爾德感覺到一種自我毀滅的衝動，他自己對此也無法理解。他曾問道：「人為什麼要奔向自己的毀滅？為什麼毀滅如此激動人心？」③

戰爭中的死亡也像死刑一樣，有時降臨到那些想死的人頭上。下意識的死念使一個士兵以必定導致死亡的方式作戰。相反，決心不死的士兵會勇敢地作戰，並避免死亡。比如，拿破崙身經百戰，有十九匹戰馬在他膝下戰死，但他卻活了下來。

精神錯亂也是這樣，有時也降臨到那些想使自己精神錯亂的人頭上。比如，尼采就似乎想藉精神錯亂，逃避生活的壓力。**尼采跟預感到自己的死亡的許多作家一樣，預感到自己的精神錯亂**。這或許可以解釋為什麼尼采在只有四十五歲時，就寫下了自傳、就總結了自己的一生和自己的作品。當尼采最終精神錯亂了的時候，他的一個朋友說，尼采好像對這個結局很滿意似的。

生之慾望

長壽和猝死一樣，往往帶有自願性質。有些人的死是由於他們有死的慾望。同樣，有些人的長壽是由於他們有長壽的慾望。湯馬斯・曼就是這樣的一個例子。曼在三十五歲時，在小說《威尼斯之死》（*Death in Venice*）中對主人公古斯塔夫・艾森巴赫有如下的描述：「他真誠地希望自己長壽，因為他堅信，只有注定該在歷史舞台上大顯身手的人才能達到真正的偉大和不朽。」曼活到八十歲。蕭伯納談論過長壽的慾望，並一度沉溺於永久延長生命的冥想。他活到九十四歲。

老年與虔誠

老人在死的本能上比年輕人強，正如榮格所說，年輕人的里比多是向著生命前進的，老人的里比多是朝著死亡倒退的。托爾斯泰就是一位意識到自己死的本能的老人。下面是托爾斯泰在五十歲時對自己死的本能的描述：「一種不可抵禦的力量迫使我想消滅自己的存在。嚴格地說，我不是想自殺，因為，這種吸引我擺脫生命的力量比意願來得更強大、更猛烈、更具規模。」④

如果一個人有強烈的死的本能，如果一個人覺得難以維持生命，他就會用假想和幻覺來美化現實，以使現實變得更愜意、更美好。老人就經常用令人愉悅的假想美化現實，尤其是用宗教的假想。為了使生活更平和，老人往往求助於宗教。皈依宗教的老人有：牛頓、李斯特（Franz Liszt）、華格納、果戈里、托爾斯泰、斯特林堡和于斯曼（Joris Karl Huysmans）。

歡迎死亡

如果人有死的本能，人為什麼還怕死呢？實際上，怕死的人有時怕的不是死的事實，而是自己下意識的死的本能。對死的懼怕有時是意識與無意識爭鬥的結果。人的意識無法與人渴望死亡的無意識的慾望相調解，所以就力圖抑制這種慾望。抑制造成了對受到抑制的慾望的懼怕。換句話說，抑制造成了對死的慾望的懼怕。有些人懼高就是一種類似的情形。弗洛依德認為，懼高可能掩藏著人無意識的墜入死亡的慾望。

人的心理進化消除了原始的抑制現象，並造成意識與無意識之間的協調。這種進化也將取消人對死的懼怕。人，作為一個整體，連他的意識也包括在內，總有一天會歡迎死亡，或者至少是接受死亡，就像現在人的無意識往往歡迎死亡一樣。

謎

讓我們回顧一下地球上無生命的年代。既然一切有機生命不過是生死本能的表現，那麼，就沒有任何生命的出現不處於生死本能的控制之下。但是，生死本能本身又是怎樣產生的呢？生死本能究竟是由什麼組成的呢？

這些是我們無法回答的問題。我們只得滿足於陳述描述生死本能行為的規則，而對這些本能究竟為何物不甚了解。這就像牛頓滿足於陳述地球引力的規則，卻對地球引力究竟為何物不甚了解一樣。正如叔本華所說：「在所有的調查研究和所有精確的科學盡頭，人類總是面臨著一個終極現象……這個終極現象解釋它所掩蓋的和它所造成的一切現象，但這個終極現象本身卻仍然無法獲得解釋，它像一個謎豎立在我們面前。」⑤

一個與眾多

形而上學理論家試圖在眾多中發現一個，試圖在變化萬千的世界裡發現一個永恆的因素，即一切現象背後的終極現象。叔本華以為，他發現了那眾多中的一個、那個永恆的因素、那個終極現象。他說，「意志」是眾多中的一個，意志是一切事物的核心。意志是真實存在，真實存在必定是完整的、不可分的。既然意志是真實存在，它就必定存在於一切事物之中，因此，叔本華把意志也賦予無生命物體，如石頭。

可以認為，生死本能像叔本華的「意志」一樣，是眾多中的一個，是真實存在。我們可以把生死本能看作一個本能的兩種狀態，而不是兩個獨立的本能。我們可以不把它們稱為生的本能和死的本能。我們可以把它們稱為健康而強烈的生的本能和微弱而無力的生的本能。但是，不管我們把它們稱為兩個本能還是一個本能，生死本能只屬於有生命物體，而不屬於無生命物體。生死本能的理論在有生命物體和無生命物體之間劃了一道明顯的界線。

尼采對衰朽的論述

尼采的權力意志理論不像弗洛依德的生死本能理論那樣清晰、全面。但是，假如我們把尼采的哲學作一個全面的觀察，我們就會發現，尼采有關人類本性的思想與弗洛依德的相似。尼采認為，一個人不是表現上升型生命（ascending life）就是表現下降型生命（descending life），不是表現生的意志就是表現死的意志，不是表現衰朽就是表現復興，不是狄俄尼索斯式（Dionysian）就是阿波羅式（Apollinian），不是表現健康而強烈的權力意志就是表現微弱而無力的權力意志。由此可見，尼采對人類本性的觀察與弗洛依德的生死本能理論有相似之處⑥。

弗洛依德並未試圖把自己生死本能的理論運用於歷史和文化的發展，尼采卻把自己對人類本性的觀察運用於歷史和文化的發展。他把一些哲學家看作復興型，把另一些哲學家看作衰朽型；他把一些藝術家看作復興型，把另一些藝術家看作衰朽型；他把一些歷史學家看作復興型，把另一些歷史學家看作衰朽型。比方說，尼采把叔本華看作衰朽型。他認為，叔本華的悲觀、消極的生活態度是衰朽的表現。

或許有人會說，叔本華對生活持悲觀、消極的態度是因為生活事實上就是充滿了痛苦，世界實際上就是一個地獄，**叔本華是理解生活本質和世界本來面目的天才。然而，尼采卻認識到，生活的本質即人對生活的理解，脫離了人對生活的理解，就無從談起生活的本質。因此，任何有關生活的判斷使人看到的都不是被判斷**

者和生活，而是判斷者。比方說，叔本華對生活持消極態度，我們由此看到的，是叔本華的個人本質，而不是生活的本質。也可以說，叔本華對生活的消極態度告訴我們，他是表現衰朽的哲學家。

尼采認為，復興型哲學家和藝術家跟叔本華不一樣，他們對生活持積極、樂觀的態度。尼采自己就想成為復興型哲學家，他就對生活持積極、樂觀的態度。尼采有一個永恆回歸的理論。根據這個理論，所有在地球上出現過的事物最終都會復現。尼采認為，接受永恆回歸理論的人、接受生命重複理論的人是復興型人物，而反對永恆回歸理論的人、對生命不斷重複的意念拒不接受的人則是衰朽型人物。尼采知道，自己對永恆回歸的熱情接受猶如過去復興型人物的所為，是對生活的肯定。實際上，尼采認為，他永恆回歸的思想是有史以來人類對生活的最有力的肯定⑦。

蕭伯納觀點

一個歷史時期的中心思想一般是由幾個思想家所共有，而不是由一個思想家所獨具。例如，在達爾文時代，進化論思想就是由幾個思想家所共有的。在尼采時代，生死本能的思想也是由幾個思想家所共有的，其中包括尼采自己和蕭伯納。

蕭伯納對哲學很感興趣，他的戲劇表現他的哲學思想。蕭伯納對哲學的生物學方面尤其感興趣，他談到過「生的力量」，並說過「死亡和墮落」是生的力量的障礙。蕭伯納認為，生的力量迫使人不僅為個人目的服務，也為社會及其同類服務。蕭伯納相信，人類存在的目的是把人提高到一個更高的水平，他相信一個新的「創造進化論」（Creative Evolution）的宗教將逐漸取代基督教⑧。

一種新的哲學

叔本華也從生物學的角度觀察人類本性。他看到，人類本性中無意識本能的重要性。但是，叔本華卻沒有看到人類本性中死的本能，他只看到了生的本能。尼采即看到了死的本能，也看到了生的本能。更進一步，尼采指出了這兩種相互對立的本能在歷史和文化發展中的表現。

然而，尼采卻從未能在生死本能的基礎上發展出衰朽與復興的理論，他從未發展出一個歷史的哲學。尼采看到了叔本華的衰朽，但他卻沒有解釋這種衰朽。他沒有解釋為什麼有些哲學家、藝術家、歷史學家是衰朽型人物，而有些則是復興型人物。他看到了衰朽與復興，卻沒有對它們做出解釋。尼采從未發展出一套系統的衰朽與復興的理論。

與尼采和叔本華不同，黑格爾發展出一個歷史的哲學。黑格爾認為，個人是時代的產物、社會的產物。但是，黑格爾卻未從生物學的角度觀察人類本性，他未能理解無意識的重要性，也未能理解衰朽與復興。與其說黑格爾對歷史的見解是心理學的，倒不如說它是宗教的。

哲學的進步有賴於對先前思想家智慧的運用，也有賴於填補先前思想家留下的空白。透過運用尼采對人類心理的洞察、填補黑格爾歷史哲學的空白和把生死本能為衰朽與復興理論的作為基礎，我們時代的哲學可以超越先前的哲學。

人的生存與死亡、人的成長與衰朽不僅是外部力量推動的結果，也是內部力量推動的結果，或者說也是無意識的力量、無意識的本能推動的結果。社會與人相似，也生存、死亡，也成長、衰朽，其原因也不僅是外部力量的推動，還有內部力量的推動，或者說還有無意識力量的推動。假如我們能夠理解作用於社會的無意識力量，我們就能夠理解社會衰朽與復興的現象，我們就可以加深對歷史的理解。

對歷史的深刻理解有助於達到對個人的深刻理解。由於個人是歷史過程的一部份，由於推動個人和社會前進的是同一種力量，新的歷史理論就也是新的個人理論。這個新的歷史理論將帶給我們一個新的倫理觀、政治觀和藝術觀。如何運用這個新的理論將是後人的任務。後一代人總是繼續探索前一代人的發現。

這個理論鼎立於三塊基石：黑格爾的社會有機體論、弗洛依德的生死本能論和尼采的衰亡論（theory of decadence）。這個理論並不是哲學進步的終點。它是我們這個時代的哲學，而不是一切時代的哲學。下一個哲學將超越這個哲學，下一個哲學將達到新的高度。

直覺的光輝

只是在最近，只是從無意識心理學開始發展以來，從心理學的角度觀察歷史才成為可能。所有以前的歷史哲學，包括黑格爾的、史賓格勒的和湯恩比的，都缺少從心理學角度的觀察。單單研究歷史，不足以建立一個歷史哲學。歷史哲學的建立有賴於哲學和心理學的扶助。建立一個歷史哲學，所靠的不是費力的實驗，而是瞬間的直覺。因此，我們不應指望專門研究歷史的人建立歷史哲學。（拿科學來說，在某個領域做出革命性貢獻的人往往不是專門從事那個領域研究的人。比方說，引起化學革命的道爾頓〔John Dalton〕就不專門研究化學。達爾頓之所以能夠引起化學的革命，是因為他把氣象學和物理學方面的觀察運用到化學中去了。）

史賓格勒和湯恩比試圖只靠研究歷史而建立歷史哲學。由於他們最通曉西方歷史，他們的理論就反映西方歷史的總的狀況。他們試圖把對西方歷史的觀察運用到其他文明中去，如印度文明、中國文明等。他們的研究方法不是從總的思想到具體的實例，而是從具體的實例（西方文明）歸納出總的思想、即總的歷史哲學。史賓格勒和湯恩比完全地投入到歷史研究之中，他們未能運用哲學和心理學的最新發現，未能運用尼采和弗洛依德等人的發現。他們的著作之所以卷帙浩繁，是因為它們不基於直覺，不是真正的哲學。

這裡所闡述的歷史哲學，集哲學、心理學和歷史學於一身，它不是單純的歷史研究。這個理論比史賓格勒和湯恩比的理論要簡潔得多。它的目的在於描述那股力量、那藏在歷史背後的無意識的本能。然而，它不力圖對所有的歷史事件和文明現象都做出解釋，它也不力圖對當今的文明是否將興旺發達或腐朽沒落做出預言。可見，這個理論不像史賓格勒和湯恩比的理論那麼雄心勃勃。（同樣，新的科學理論也有時不像先前的科學理論那麼雄心勃勃、那麼不厭其煩地解釋來、解釋去。比如，從某些方面來講，牛頓和拉瓦榭（Lavoisier）的理論就比他們前輩的理論解釋得要少。）⑨

歷史哲學必須重點研究文化歷史、而不是政治歷史。人類精神在文化領域比在政治領域表達得更加明確，這正如獨唱歌手比合唱歌手更能充份地表現自己。在政治領域裡，人類精神與外國文化和地理環境等發生關係。在這個領域裡，事件的形成與多方面的因素有關，所以，要想描述無意識本能在政治歷史中的作用，是很困難的。而另一方面，文化領域內，促使事件形成的因素不如政治領域那麼多，所以，無意識本能的作用在這個領域裡，就較為明顯。雖然，歷史哲學可以加深我們對政治歷史的理解，但它的主要重點必須是文化歷史；它必須集中表現無意識本能如何影響文化和怎樣引起衰朽與復興。

註釋

①《全集》，榮格著（Jung, *Collected Works*, vol. 5, par. 80）；《與路西力亞斯的通信》，塞內加著（Seneca, *Epistles to Lucilius*, Loeb Classics, vol. 1, #24）；《雙城記》，狄更斯著（Dickens, *A Tale of Two Cities*, III, 6）；《道德的系譜學》，尼采著（Nietzsche, *Genealogy of Morals*, III, 21）。

②關於林肯，見〈由林肯報告的預見的夢〉，G・威爾森著（G. Wilson, "A Prophetic Dream Reported by Abraham Lincoln", *American Imago*, June, 1940）；關於梵谷，見《親愛的西奧》（*Dear Theo*, p.227）；關於齊克果，見《齊克果》，W・勞瑞著（W. Lowrie, *Kierkegaard*, III,

2）。

③〈喬望尼・瑟岡悌尼：一例心理分析研究〉，卡爾・亞伯拉罕著（Karl Abraham, "Giovanni Segantini: A Psycho-Analytical Study", 1911）；《混雜的意見和警言》，尼采著（Nietzsche, *Assorted Opinions and Maxims*, #94）；《奧斯卡・王爾德》，R・愛爾曼著（R. Ellman, *Oscar Wilde*, ch. 22）。

④《全集》，榮格著（Jung, *Collected Works*, vol. 5, par. 80）；《宗教經驗種種》，威廉・詹姆斯著（William James, *Varieties of Religious Experience*, VI, 7）。

⑤《論道德基礎》（*On the Basis of Morality*, #21）。

⑥尼采寫道：「我是第一個看到這個對立的：與生命相悖的衰亡本能……對抗一種最高的肯定形式」見《瞧！這個人》（*Ecce Homo*, "The Birth of Tragedy", 2）。

⑦尼采說到過「永恆回歸的思想是一個完全可以達到的最高的肯定形式。」見《瞧！這個人》（*Ecce Homo*, "Thus Spoke Zarathustra", 1）。

⑧《人與超人》和《返回麥圖塞拉》引言，蕭伯納著（Shaw, *Man and Superman*, 3, and *Back To Methuselah*, Preface）。

⑨《科學革命的結構》，湯馬斯・孔恩著（T. Kuhn, *The Structure of Scientific Revolution*, ch. 12）關於達爾頓，如前，第十章。

12 Conversations With Great Thinkers

衰朽與復興

Decadence and Renaissance

七個命題

(1)有機體具有生死本能。
(2)社會是一個有機體。
(3)社會具有生死本能。
(4)當生的本能在社會中佔主導地位時，該社會呈復興狀態。當死的本能在社會中佔主導地位時，該社會呈衰朽狀態。
(5)社會的死的本能達到極限時，就走向其反面，即生的本能。
(6)衰朽，或死的本能，在當今的大多數西方社會已達到極限。
(7)死的本能在當今的大多數西方社會已達到極限，現在，它將走向其反面，即生的本能。因此，多數西方社會現正處於復興的開端。

命題二：社會是一個有機體①

最優秀的義大利畫家的年齡都相差不到四十歲。這個現象與數學機率不符。我們需要對這個現象做出解釋。為什麼最優秀的希臘戲劇家、羅馬詩人及俄國小說家的年齡也都相差不到四十歲？為什麼文藝復興時期各個類型和各個國家的文化如此碩果纍纍？歷史出現過一系列的復興時期，也出現過一系列的衰朽時期。社會衰朽與復興的原因究竟是什麼？

社會有機體的理論為尋求衰朽與復興的原因提供了線索。按照社會有機體的理論，一個社會是一個完整的有機體。雖然社會不是一個真正的有機體，但是，社會的行為與有機體的行為相似。一個社會不像一堆石塊，是由毫不相干的個體組成的。一個社會是由相互聯繫的個人組成的。這些個人的本能的性質取決於他們的社會的本能的性質。任何人都逃不出他所處的社會。每一個人都終身地體現社會的本能。文化的所有分支——哲學、文學、音樂、美術等——也在社會的本能的影響範圍之內。比如，在古希臘的培里克利斯時代，文化的所有分支都同時繁榮起來。而在後來的羅馬帝國時期，文化的所有分支都同時衰落下去，創造力全面枯竭。不僅文化的所有分支都處在社會本能的影響範圍之內，政治行為也是如此。簡言之，社會是一個完整的有機體。社會中的一切都反映著它的主導本能。

命題三：社會具有生死本能

是什麼使社會成為一個完整的有機體的呢？是什麼把社會中的個人連結在一起的呢？社會中的個人相互間發生聯繫，是因為他們生活在一起、他們有著共同的歷史、他們的集體意識相同、他們有著同樣的生與死的本能。雖然社會與有機體相似，因為它們都具有生死本能，但是，社會卻不像有機體那樣，會必然死亡。社會的消亡是偶然的，而不是必然的。

命題四：當生的本能在社會中佔主導地位時，該社會呈復興狀態。當死的本能在社會中佔主導地位時，該社會呈衰朽狀態

正如一切有機體都具有生與死的本能一樣，每一個社會也都具有生與死的本能。大多數時代都既不是全面的復興，也不是全面的衰朽。大多數時代都是或接近於復興，或接近於衰朽。也就是說，大多數時代都體現生與死的本能的結合，其中一種本能較另一種本能稍顯強烈。

但是，確有一些時代是全面的復興或全面的衰朽。全面復興的時代比全面衰朽的時代更引人注意、更明顯可見、更值得記憶。古希臘的培里克利斯時代和義大利的文藝復興時期是兩個全面復興時代的例子。在這樣的時代，生的本能明顯地比死的本能要強烈。

普通人不表現時代的本能。雖然普通人也具有這種本能，但它只是潛藏在他們身上。只有天才才表現時代的本能，如黑格爾所說，只有偉人才表現時代的精神。天才使本能昇華，而本能只有以昇華了的形式出現時，才會得到歷史的認可。

命題五：社會的死的本能達到極限時，就走向其反面，即生的本能

長期以來，哲學家們注意到，生活的許多現象都具有辯證性。生活的許多現象都先達到極限，然後走向反面。例如，樂極往往生悲，極端的自由往往導致專制。在西方，辯證法是由赫拉克利特（Heraclitus）首先闡述的。他相信物極必反。辯證法在黑格爾的哲學中也起重要作用。中國的哲學家對辯證法也很熟悉。中國哲學的

陰陽觀就體現了對辯證法的運用：「陽到了極限就變為陰，正到了極限就變為負。」

②社會的本能也在兩極間擺動。**衰朽的社會將達到衰朽的極限，然後轉變為復興的社會；**最黑暗的時刻是黎明即將到來的時刻。但是，生的本能卻逐漸地衰退，然後轉變為死的本能，它不是先達到極限，然後轉變為死的本能；白天總是漸漸地變為黑夜。所以說，**復興的社會將逐漸地走向衰朽。**

按照衰朽與復興的理論對西方歷史的觀察

A．希臘

希臘歷史上的復興時代是埃斯庫羅斯（Aeschylus）、索福克里斯（Sophocles）和修昔底德（Thucydides）的時代。這樣的時代一般延續大約四十年。以希臘為例，埃斯庫羅斯的出生與修昔底德的出生相距五十四年。由於本能是天生的，而長壽又不可能改變人與生俱來的本能，所以，人的本能取決於人的出生日期。同時生活於一個特定的社會，並不意味著具有同樣的精神或本能，而同時誕生於一個社會，則意味著具有同樣的精神或本能。如奧特加所說：「在歷史研究中，把同代人與同齡人區別開來相當重要。」換句話說，把生活在同一時代的人和出生在同一年代的人區別開來相當重要③。

在我們試圖理解希臘文化從復興到衰朽的轉變之前，我們需要對一個作家的道德觀的意義加以考慮。一個作家的道德觀往往表露他是復興型，還是衰朽型。拘於道德的世界觀是衰朽的象徵，不拘道德的世界觀是復興的象徵。

雖然，復興精神一般地說來不拘於道德，但不拘道德的世界觀不一定總是復興精神的表現。衰朽有時表現為不拘道德，在現代社會尤其如此。衰朽的現象變化多端，常以多種形式出現。雖然，衰朽在過去常表現為抑制型倫理觀，但在我們的時代，衰朽的表現形式多變。衰朽在現代不再表現為對無意識的抑制。所以，在我們的時代，哲學家的道德觀就不再像過去哲學家的道德觀那樣，可以成為辨別其精神的可靠依據。

為什麼衰朽型作家，尤其是那些早期的衰朽型作家，往往弘揚道德，並支持對無意識的抑制呢？對這個問題可作兩種解釋。第一，抑制意味著反對自己、對自己的無意識實施暴行。抑制與死的本能不可分割，而死的本能又是衰朽的本質。第二，衰朽精神不如復興精神健康，其本能也不如復興精神的本能和諧，它更需要抑制和控制。因此，衰朽精神需要道德和超我的統治，而復興精神則可以無拘無束地表現自己的本質。

尼采是第一個看到衰朽的重要性，並把道德視為衰朽象徵的哲學家。尼采認為，蘇格拉底和柏拉圖都是道德家，或都是走向衰朽的道德家。蘇格拉底是繼復興時代之後的衰朽時代的代表人物。他是一個絕妙的道德家的例子。他宣揚意識、反對無意識；他宣揚理性、反對情感。在蘇格拉底看來，知識就是美德，美德就是幸福。

歐里庇得斯（Euripides）和蘇格拉底一樣，也是一個道德家。在他們兩人之間，有著親密的關係。據說，蘇格拉底幫助歐里庇得斯寫作戲劇。雖然，蘇格拉底不常觀看以前悲劇家的戲劇，但他卻寧願步行，也要去波埃爾斯市（Piraeus）觀看歐里庇得斯的最新戲劇。歐里庇得斯和蘇格拉底是阿波羅型、拘於道德型、衰朽型和死的本能的代表。與此相反，埃斯庫羅斯、索福克里斯和修昔底德則是狄俄尼索斯型、不拘於道德型、復興型和生的本能的代表。

和復興型哲學家一樣，復興型藝術家也不拘道德，衰朽型藝術家也拘於道德。雖然，歐里庇得斯有時也描寫行為受情感擺佈的人物，但他的世界觀是理性的和拘於道德的。西塞羅（Cicero）說，歐里庇得斯所有的詩作都是教誨。與此不同的是，埃斯庫羅斯和索福克里斯的世界觀是不拘道德的。雖然歐里庇得斯比修昔底德大九歲，但他可說是代表著繼復興時代之後的衰朽時代的第一個跡象。

希臘文化在經歷了短暫的復興之後，進入了一個衰朽時代，並從此一蹶不振。然而，希臘文化的衰朽並不突然。衰朽對復興的取代是一個緩慢的過程。在希臘的四位出現在復興時代以後的主要哲學家中，有三位是道德家，他們是蘇格拉底、柏拉圖和亞里士多德；有一位是享樂主義者，這就是伊壁鳩魯。享樂主義與道德訓戒一樣，都屬衰朽型。尼采在談到希臘主要哲學家時曾說：「這些哲學家一個接一個地表現了典型的衰朽形式。」④雖然，許多最著名的希臘作家都是衰朽型作家，但他們卻都是偉大的作家。比方說，儘管柏拉圖是衰朽型作家，但他卻是最偉大的哲學家。衰朽的趨勢影響作家的思維，但卻不毀滅作家的天才，也不使作家的心智遲鈍。

復興時代過後，悲劇精神在希臘消失了。喜劇作家，尤其是所謂的新喜劇作家，表現了希臘戲劇的衰朽，也表現了總的希臘精神的衰朽。因此，新喜劇作家崇敬的就不是過去復興時代的悲劇作家，而是後來的衰朽時代的悲劇作家——伊壁鳩魯。新喜劇作家費勒蒙（Philemon）說，如果他能在陰間和伊壁鳩魯對話，他就立即心甘情願地吊死。**一個人的所愛及其所仰慕的事物是這個人本質的體現。**

有人認為，是伊壁鳩魯引起了希臘悲劇的衰退。還有人認為，希臘悲劇衰退的原因是早期的悲劇家，如埃斯庫羅斯、索福克里斯和歐里庇得斯，窮極了所有悲劇的題材，並將悲劇的標準推向如此之高度，以至於後來的戲劇家不敢再以這種形式創作。也有人對莎士比亞以後的戲劇作出類似的評論。按照這些理論，作家們揹負著過去的包袱，揹負著他們的先驅的包袱。這些理論是膚淺的，它們無法解釋為什麼希臘和英國的創造力不僅在戲劇領域，而且在其他文化領域，也走向衰朽。只有復興和衰朽的全面理論才能解釋希臘悲劇和英國戲劇的衰退及其他文化現象。

從希臘文化歷史轉向希臘政治歷史，我們看到的是亞歷山大大帝的征服。亞歷山大大帝的尚武精神是不是希臘精神或馬其頓精神的體現？如果亞歷山大大帝的尚武精神是希臘精神的體現，它在歷史循環中發生的時刻與拿破崙和希特勒的軍國主義在歷史循環中發生的時刻一致，這意味著這種軍國主義發生在復興時代以後的一百五十年之內，也恰值衰朽的開端。

B．羅馬

綜觀羅馬歷史，我們發現，在羅馬共和國行將結束之時，出現了一個政治和文化的衰朽時代。在這個時代，政治體系大規模解體；外敵入侵、海盜劫掠、盟國反叛和奴隸造反此起彼落。

隨衰朽時代之後，是凱撒和奧古斯都的復興時代。這個時代的代表人物是盧克萊修（Lucretius）、維吉爾和霍雷斯（Horace）。復興精神是羅馬在這一時期的擴張主義傾向的原因之一。這種擴張主義傾向表現在凱撒和龐培（Pompey）的征服活動中。一個國家在復興的時期，有向外擴張的趨勢，在衰朽的時期，則傾向於與別國締結盟約。

大多數人認為，戰爭導致死亡和毀滅，戰爭是死的本能的產物。但是，死的本能的終極目的，是把具有死的本能的有機體還原成無生命物體，而不是把其他有機體還原成無生命物體。戰爭不是死的本能的產物。戰爭可使人類得以改善，就像物競天擇的進化過程可使人類得以改善一樣。文明的國家，由於有優越的政治和經濟結構，通常征服不文明的國家，並由此而傳播他們的文明。例如，羅馬的征服活動把文明傳遍了整個歐洲。征服活動創造較大的統一體。在這個大統一體中，社會可享有政治的穩定和經濟的發展。沒有征服活動，世界將會分裂為無數的小國，這些小國將只會遭遇政治的動盪、經濟的停滯和文化的荒蕪。

羅馬在奧古斯都時代以後，漸漸地墮入了衰朽。它在這個衰朽時期的主要哲學家塞內加和奧瑞留（Marcus Aurelius）都是禁慾主義者。禁慾主義是衰朽的哲學，因為，它以貞操和道德的名義，鼓吹對無意識的抑制。復興的哲學與禁慾主義不同，它鼓勵人毫無保留地表達自己的全部本性，而不鼓勵人對自己的本性有所抑制。

衰朽，或說是社會的死的本能，是羅馬帝國衰落和崩潰的原因之一。引起羅馬帝國崩潰的原因還有許多。羅列所有的原因，並決定每種原因在最後的結局中所起的作用是不可能的。人永遠不可能完全理解歷史事件的起因。社會生死本能的理論不可能解釋所有歷史事件的起因，它只有助於我們對歷史的理解。從這一點來說，社會生死本能的理論與從經濟學的角度觀察歷史一樣，二者都只有助於我們對歷史的理解，而不能對所有的歷史事件做出解釋。

C．現代歐洲

在大規模的義大利文藝復興到來之前，有一個小規模的義大利文藝復興。這個小規模的文藝復興開始於十四世紀初，它的主要代表人物有喬托（Giotto）、但丁和佩托拉克。喬托對人的個性和心理頗感興趣。後來的事實證明，表現人的個性和心理是復興型藝術家的特點。

義大利文藝復興的三位主要藝術家是米開朗基羅、達文西和提香（Titian）。他們的出生年代都相距不到二十五年。他們都和喬托一樣，對人的個性和心理感興趣。與此相反，我們在拉菲爾那裡所看到的，不是對人的個性的興趣，而是對幾何圖形的興趣。奧特加說：「幾何圖形〔是〕死板僵化的第一個跡象，這個跡象表明生命的頹廢。」⑤拉菲爾不是復興型藝術家，他出生在文藝復興以後——或者說，他出生在文藝復興期間，但卻在復興精神出現以後。如果是奧特加，就可能會說，拉菲爾與復興精神同時，卻不與復興精神同生。

義大利文藝復興不但以擁有藝術家而著名，它還擁有一位復興型作家。這位作家就是馬基維里。馬基維里和修昔底德一樣，也持有不拘道德的世界觀。

為什麼義大利在相對較短的時期內，出現了兩次文藝復興呢？復興出現於衰朽，即死的本能達到極限之際。當社會的發展停滯不前、它作為一個有機體的本質已難於維持時，衰朽或死的本能就達到了極限。義大利當時的狀況就是這樣。這樣的社會只需要一個短的時期，就能夠完成一次從復興到衰朽、再從衰朽到復興的循環。**一個從未得到過發展，並從未達到有機體的水平的社會，是既不會出現復興，也不會出現衰朽的。中世紀的歐洲社會就是這樣的社會。**

荷蘭的文藝復興發生在十七世紀中期，是由維美爾（Jan Vermeer）、林布蘭和斯賓諾莎為代表人物。林布蘭是絕好的側重心理表現的復興型藝術家。斯賓諾莎是絕好的不拘道德的復興型哲學家。斯賓諾莎否定惡的存在、否定自由意志，並以權力來解釋權利。由於斯賓諾莎具有不拘道德的復興精神，其他的不拘道德的復興型人物就敬慕他，如歌德和黑格爾。正如一個人的所愛及其所仰慕的事物表明一個人的本質，什麼樣的人仰慕這個人也表明這個人的本質。

法國的文藝復興緊跟著義大利文藝復興，開始於十六世紀初；它的代表人物是蒙田和拉伯雷。蒙田和其他的復興型作家一樣，相信順應自然的倫理，即相信表現人的本性，而不是抑制人的本性。他寫道：「我把一個古老的一定之規拿來為我所用，這個一定之規是聽任自然，萬無一失。……我和蘇格拉底不一樣，我沒有用理性的力量改變自己的自然本性，也沒有以任何方式干擾自己天生的習性。」⑥這一段話表明瞭相信抑制式倫理的衰朽型哲學家與相信順應自然的倫理的復興型哲學家之間的不同。

莎士比亞和培根是英國文藝復興的代表人物。英國的文藝復興大約發生在法國文藝復興以後四十年。莎士比亞具有表現復興精神的不拘道德的世界觀。約翰遜就批評莎士比亞的不拘道德，他寫道：「〔莎士比亞〕為了便利而犧牲德性。他不認真地教誨，而更有心於取悅，他的寫作似乎毫無道德目的。」培根和莎士比亞一樣，也持有不拘道德的世界觀。一個評論家說：「在培根的關於生活的教誨中，常有馬基維里的影子。」⑦

英國和法國社會在各自的文藝復興時期以後，有相似之處。從大約十七世紀到大約十九世紀，英國和法國的社會都處於相對復興的時期，而只有在莎士比亞和蒙田的時代，這兩個社會才處於絕對復興的時期。**在莎士比亞和蒙田的時代，即在復興時代本身，生的本能達到頂點**。在從十七世紀到十九世紀這段時期內，生的本能不再居於頂點，但仍然比死的本能強烈，所以，十七世紀到十九世紀的這段時期，雖然不是絕對的復興時期，但也可看作相對的復興時期。

法國和英語國家應該可以歸為一類，因為它們的歷史週期是一致的。它們的復興時期和衰朽時期大約同時開始。然而，德國和俄國就不能與法國和英語國家歸為一類了，因為它們的歷史週期與後者的不同。德國在十九世紀初，進入復興時期，而其他的西方國家在這時已進入衰朽時期。因此，德國的心理狀態就與其他西方國家的心理狀態完全不同。

德國文藝復興的三位主要人物是歌德、貝多芬和黑格爾。歌德是一個不拘道德的藝術家。歌德和蒙田一樣，相信順應自然的倫理，而不相信抑制型倫理。他在

《威爾漢姆・麥斯特》（*Wilhelm Meister*）裡，透過一個「女聖人」（fair saint）之口，表達了順應自然的倫理觀：「我自由地聽從自己的情感。我從不知拘束和悔過為何物。」

黑格爾是不拘道德的哲學家。黑格爾和歌德都是斯賓諾莎不拘道德的哲學的敬慕者。黑格爾不從道德的角度看世界。當黑格爾討論政治時，他不問什麼是正義的，或什麼是合法的。他接受現實並試圖理解現實。黑格爾的政治思想令人想起修昔底斯和馬基維里的政治思想。他不認為征服活動是非正義的，他說：「文明的國家意識到，野蠻人沒有和他們自己同等的權利。他們把野蠻人的自治只看作一種形式而已。」⑧

康德出生於德國文藝復興之前，而叔本華的則出生於德國文藝復興之後。因此，康德和叔本華就都不是復興型哲學家，而是衰朽型哲學家。他們拘於道德的世界觀是他們衰朽的表現。康德認為，人的自然傾向只能是不道德的，所以，他與順應自然的道德家是相互對立的。叔本華對死的本能可以說已有所意識；他教人否定生的意志。叔本華不是像復興型哲學家那樣，鼓勵人表達自己全部的本性，而是鼓勵人抑制自己的無意識，即他所稱的「意志」。

歌德是復興型人物，而歌德的時代卻是衰朽的時代。尼采注意到這兩者之間的不符。同樣，托爾斯泰也是復興型人物，而他的時代也是衰朽的時代。梵谷也注意到這兩者之間的不符⑨。然而，我們對這兩種情況都可以做出如下的解釋：十九世紀只是在法國和英語國家是衰朽時期，而在歌德的德國和托爾斯泰的俄國，都不是衰朽時期。歌德的德國和托爾斯泰的俄國，那時都正是復興時期。

俄國的復興發生在十九世紀的後半葉，其代表人物有杜斯妥也夫斯基、托爾斯泰和柴可夫斯基。這個復興可能是俄國在那個時期的擴張主義傾向的緣由之一。如前所述，**一個國家在復興時期，有向外擴張的傾向，而在衰朽時期，則有與別國締結盟約的傾向。**現在的俄國正值，或說正接近於，衰朽時期的開端。所以，俄國也和德國一樣，其心理狀況與法國和英語國家的心理狀況截然不同。

命題六：衰朽，或死的本能，在當今的大多數西方社會已達到極限

法國和英國在復興以後，就開始漸漸地走向衰落。從大約十七世紀到大約十九世紀，法國和英國處於相對復興階段，儘管它們那時正逐漸地走向衰朽。從大約十九世紀到大約二十一世紀，法國和英國將處於相對衰朽階段。這個從十七世紀一直到二十一世紀的四百年之長的週期是以一個復興時代為開端的，這個復興時代就是蒙田和莎士比亞的時代。這個時代延續了一代人之久。這個週期將以一個絕對的衰朽階段為終結。這個階段將從大約二十世紀的五〇年代延續到二十世紀的九〇年代。

命題七：多數西方社會現正處於復興的開端

由於死的本能在法國和英語國家已達到極限，生的本能現在將在這些國家再現。這是四百年以來的第一次。這個生的本能將導致復興，它的代表人物會出生在一九六〇年到二〇〇〇年之間。這個復興本身將從這些代表人物的成熟延續到他們

的死亡。在他們死去之後，絕對復興的階段將宣告結束，並在四百年以後再重新出現。但是，絕對復興的時代不會立即讓位給絕對衰朽的時代；復興的精神將逐漸衰退。

卡萊爾和尼采預見到我們時代的復興。卡萊爾在一八三一年就宣佈，西方世界會在大約二百年間死灰復燃、重獲新生。尼采於一八八八年指出，第二次文藝復興，即哲學的知識達到頂點的「正午時分」（great noontide），將在一百年左右到來⑩。卡萊爾和尼采所預見的復興現在就在我們眼前。

以前的復興時代都在文化方面有很高的成就，儘管出現復興的國家的人口不多。我們的人口比以前國家的人口多，我們的時代會因此而有更高的文化成就嗎？對這個問題的回答是，否。文化成就和人口之間似乎沒有多大關係。實際上，最富有創造力的復興時代是希臘的培里克利斯時代，而擁有這個創造力的人卻只是少數。

假如，人口的多少不是復興時代之間的不同的原因，那麼，又是什麼造成了這些不同呢？儘管現代社會不願承認不同人種之間內在的區別，但我們卻不能排除這一點。比方說，古代希臘人的文化創造能力就可能不同於現代英國人的文化創造能力。

外在條件和內在因素一樣，也是復興時代之間的不同的決定因素。作家和藝術家在什麼樣的環境中工作？他們所繼承的是什麼樣的文化傳統？我們時代的復興可能由於不利的環境和文化傳統的缺乏而遭受挫折。要與人事和眼前的一切保持距離、要思考、要集中精力、要想像、要做自己的夢，在當今的世界難而又難。現代人連對過去時代的創造都很難持欣賞態度，更別提自己來從事創造了。**文化的創造需要最少量的外來干擾、需要寂寞、需要自由支配的時間。現代生活則太富於刺激、太擁擠、太忙碌。現代人被政治和商務所埋沒，被宣傳媒介所干擾。機器和技術使現代人身不由己。**

我們不必到阿拉斯加去尋找寂寞。假如一個人有遠大的目標，有崇高的理想，有鼓舞人的榜樣，假如他拒絕接受社會的目標、社會的理想和社會的榜樣，他就會立即發現自己被社會所排除，他就不得不建立自己的世界。這難道不正是過去的偉大藝術家和偉大作家所經歷的嗎？他們不也都建立了自己的世界嗎？一部偉大的文學作品不就是一個小小的世界嗎？

假如，一個人想在文化領域裡有所成就，他就必須運用這句格言：蔑視世界，同時被世界所蔑視。**他必須比社會更有力。這個力量只能來自遠大的目標、崇高的理想和鼓舞人心的榜樣。**

我們時代的文化成就不但將受到一個阻礙文化發展的環境的破壞，而且也將受到缺乏文化傳統的現象的破壞。今天的年輕的復興型作家和藝術家在他們的社會裡，將很難找到合適的、可以效法的榜樣。要找到這樣的榜樣，他們將不得不回首十九世紀末和二十世紀初，並藉這些榜樣的力量，建立自己的風格，而他們所建立的新風格又不會為他們的同代人所理解、所賞識。今天的年輕的復興型作家和藝術家面臨著艱鉅的、很少有人能夠完成的任務。代表我們時代的復興的人恐怕只有鳳毛麟角。

註釋

①關於命題一的討論，見第十章。

②《全集》，榮格著（Jung, *Collected Works*, vol. 15, par. 4）。辯證法在莊子的哲學中佔重要地位。

③《人與危機》（*Man and Crisis*, 3）。

④《權力意志》（*The Will to Power*, #435）。西塞羅對歐里庇得斯的評論見約翰遜在〈莎士比亞導言〉中的引語（Cited in Johnson, "Preface to Shakespeare"）。

⑤現代主題的補充〈革命的末日〉（"Sunset of Revolution", supplement to The Modern Theme）。

⑥《面相學研究》（*On Physiognomy*）。拉伯雷和蒙田一樣，也似乎相信順應自然的倫理。他的小說中的學校的口號是「隨心所欲」。

⑦〈莎士比亞導言〉，塞繆爾・約翰遜著（Samuel Johnson, "Preface to Shakespeare"）及亨利・莫利在A・L・伯特所著的《培根文章集導言》（Henry Morley's *Introduction to Bacon's Essays*, A. L. Burt, NY.）。

⑧《威爾漢姆・麥斯特的學徒生活》，歌德著（Goethe, *The Apprenticeship of Wilhelm Meister*, VI）

及《權利哲學》，黑格爾著（Hegel, *The Philosophy of Right*, #351）。

⑨《偶像的黃昏》，尼采著（Nietzsche, *Twilight of the Idols*, "Expeditions", #50）及《親愛的西奧》，梵谷著（van Gogh, *Dear Theo*, p. 390）。

⑩《成衣匠的改制》，卡萊爾著（Carlyle, *Sartor Resartus*, "The Phoenix"）及《瞧！這個人》，尼采著（Nietzsche, *Ecce Homo*, "The Birth of Tragedy", #4）。

〈人名表〉

亞伯拉罕（Abraham, Karl）1877-1925：德國精神分析學家，弗洛依德的信徒。

阿德勒（Adler, Alfred）1870-1937：澳大利亞心理學家，弗洛依德的信徒，後來發展出自己的心理治療法。

亞歷山大大帝（Alexander the Great）356-323 BC：古國馬其頓國王，征服了希臘、波斯帝國、埃及和印度的一部份。亞里士多德是他的私人教師。

伍迪·艾倫（Allen, Woody）1935-：美國電影導演、製片人和演員。

亞里士多德（Aristotle）384-322 BC：希臘哲學家、科學家。

培根（Bacon, Francis）1561-1626：英國哲學家、政治家。

培肯（Bacon, Roger）1214?-1294：英國哲學家、科學家。

貝多芬（Beethoven, Ludwig van）1770-1827：德國作曲家。

包斯維爾（Boswell, James）1740-1795：蘇格蘭作家；作家塞繆爾·約翰遜的好朋友和傳記作者。

布爾克哈特（Burckhardt, Jakob）1818-1897：瑞士藝術文化史學者；尼采的同事和朋友。

拜倫（Byron, Lord）1788-1824：英國詩人。

凱撒（Caesar, Julius）100-44 BC：古羅馬將軍、政治家。

卡繆（Camus, Albert）1913-1960：法國小說家、文章家、劇作家。

卡萊爾（Carlyle, Thomas）1795-1881：蘇格蘭文章家、歷史學家；寫過幾部多卷歷史著作，包括一部法國革命史；學過德語，將德語著作翻譯成英語；政治觀點保守，反對民主；是愛默生終生的朋友。

老加圖（Cato the Elder）234-149 BC：古羅馬政治家、作家；以提倡傳統觀念聞名；每次在羅馬議會發言，都以此句結尾：「必須摧毀迦太基。」

小加圖（Cato the Younger）95-46 BC：羅馬政治家；老加圖的曾孫；以正直誠實聞名；凱撒的反對者，當凱撒的力量得勝時，他自殺身亡。

塞萬提斯（Cervantes）1547-1616：西班牙小說家，《唐・吉珂德》的作者；曾被海盜擄獲達五年之久。

塞尚（Cézanne, Paul）1839-1906：法國畫家；左拉幼年的朋友。

夏多布里昂（Chateaubriand, Vicomte de）1768-1848：法國作家；浪漫派文學開創者；最著名的著作是他的自傳《墓中回憶錄》；做過幾次外交官，包括法國外交部部長；生於法國貴族上流社會家庭。

契訶夫（Chekhov, Anton）1860-1904：俄國短篇小說作家、劇作家。

西塞羅（Cicero）106-43 BC：羅馬作家、政治家、演說家。

孔德（Comte, Auguste）1798-1857：法國哲學家。

孔子（Confucius）551?-479 BC：中國哲學家。

達文西（Da Vinci, Leonardo）1452-1519：義大利畫家、雕塑家、建築師、工程師、科學家。

達爾頓（Dalton, John）1766-1844：英國化學家、物理學家；現代物理科學的基礎理論原子理論的創始人。

杜摩蘇尼（Demosthenes）385?-322 BC：古希臘最偉大的演說家。

笛卡兒（Descartes, René）1596-1650：法國哲學家、科學家、數學家。

狄更斯（Dickens, Charles）1812-1870：英國小說家。

愛蜜莉・狄瑾生（Dickinson, Emily）1830-1886：美國詩人。

杜斯妥也夫斯基（Dostoyevsky, Fyodor）1821-1881：俄國小說家。

愛因斯坦（Einstein, Albert）1879-1955：德裔美國物理學家。

艾斯勒（Eissler, K. R.）：現代心理學家、弗洛依德學派一員；著有一關於歌德的鉅作。

愛默生（Emerson, Ralph Waldo）1803-1882：美國哲學家、詩人。

伊拉斯謨斯（Erasmus）1466?-1536：荷蘭作家、學者、人文主義者、是將文藝復興思想潮流介紹到北歐的主要人物。

歐里庇得斯（Euripides）480?-406? BC：希臘劇作家；寫過多部悲劇；以對神話和宗教的不恭敬的處理方式而聞名。

福克納（Faulkner, William）1897-1962：美國小說家。

福樓拜（Flaubert, Gustave）1821-1880：法國小說家。

弗朗斯（France, Anatole）1844-1924：法國小說家、文章家；普魯斯特年輕時的朋友。

弗洛依德（Freud, Sigmund）1856-1939：奧地利心理學家。

佛洛斯特（Frost, Robert）1874-1963：美國詩人。

吉本（Gibbon, Edward）1737-1794：英國歷史學家；以《羅馬帝國的滅亡》一書聞名。

紀德（Gide, André）1869-1951：法國小說家、劇作家；著有自傳和文學批評。

喬托（Giotto）1267?-1337：義大利畫家；生於佛羅倫斯附近。

歌德（Goethe）1749-1832：德國詩人、劇作家、小說家、科學家。

果戈里（Gogol）1809-1852：俄國小說家、劇作家。

黑格爾（Hegel）1770-1831：德國哲學家。

海涅（Heine, Heinrich）1797-1856：德國詩人；猶太人，但為了獲得法律學位，皈依了基督教（當時猶太人被禁止獲得法律學位）；他激進的政治觀點使他得罪了德國的權力人士，後被迫移居巴黎，在巴黎度過了生命的最後二十五年。

海森堡（Heisenberg, Werner）1901-1976：德國物理學家。

赫拉克利特（Heraclitus）540?-475? BC：希臘哲學家。

赫爾德（Herder, Johann Gottfried von） 1744-1803：德國哲學家、文學批評家。

希特勒（Hitler, Adolf）1889-1945：德國獨裁者。

希施曼（Hitschmann, Edward）：現代心理學家、弗洛依德學派一員。

郝佛（Hoffer, Eric）1902-1983：美國哲學家、碼頭工。

荷爾德林（Hölderlin, Friedrich）1770-1843：德國詩人。

荷馬（Homer）850? BC：古希臘詩人。

雨果（Hugo, Victor）1802-1885：法國詩人、小說家、劇作家。

休謨（Hume, David）1711-1776：蘇格蘭歷史學家、哲學家。

于斯曼（Huysmans, Joris Karl）1848-1907：法國小說家。

易卜生（Ibsen, Henrik）1828-1906：挪威劇作家。

亨利・詹姆斯（James, Henry）1843-1916：美國作家；長期生活在歐洲；哲學家威廉・詹姆斯的弟弟。

威廉・詹姆斯（James, William）1842-1910：美國哲學家、心理學家。

傑弗遜（Jefferson, Thomas）1743-1826：美國政治家、作家、總統。

約翰遜（Johnson, Samuel）1709-1784：英國作家、辭典學家。

喬哀思（Joyce, James）1882-1941：愛爾蘭小說家。

榮格（Jung, Carl Gustav）1875-1961：瑞士心理學家。

卡夫卡（Kafka, Franz）1883-1924：小說家；久居布拉格，以德語寫作。

康德（Kant, Immanuel）1724-1804：德國哲學家。

濟慈（Keats, John）1795-1821：英國詩人。

齊克果（Kierkegaard, Søren）1813-1855：丹麥哲學家。

拉布呂耶爾（La Bruyère, Jean de）1645-1696：法國哲學家；以《個性》一書成名。

拉羅什富科（La Rochefoucauld）1613-1680：法國作家；雖以長短句著名，但也寫過一本世人評價很高的回憶錄。

萊布尼茲（Leibniz, Gottfried Wilhelm）1646-1716：德國哲學家、數學家、政治家；跟帕斯卡（長他二十年）一樣，他也發明了一種計算器。

李希騰堡（Lichtenberg, G. C.）1742-1799：德國物理學家、哲學家。

李斯特（Liszt, Franz）1811-1886：匈牙利鋼琴家、作曲家。

羅尼（Looney, J. T.）1870-1944：英國教師；首次提出牛津伯爵是莎士比亞著作的真正作者的理論。

麥考萊（Macaulay, Thomas B.）1800-1859：英國歷史學家、文章家、詩人。

馬基維里（Machiavelli）1469-1527：義大利歷史學家、政治哲學家；在佛羅倫斯政府中身兼多職；跟西塞羅一樣，失去政治權力以後，開始寫書。

麥西納斯（Maecenas）74?-8 BC：羅馬政治家、文學贊助者；他的名字已成為「贊助」的代名詞。

亨利希・曼（Mann, Heinrich）1871-1950：德國作家；湯馬斯・曼的哥哥。

湯馬斯・曼（Mann, Thomas）1875-1955：德國小說家、批評家。

奧瑞留（Marcus Aurelius）121-180：羅馬皇帝、斯多葛派哲學家；以《沉思》一書著名。

馬克思（Marx, Karl）1818-1883：德國政治經濟學家、共產主義之父。

梅爾維爾（Melville, Herman）1819-1891：美國小說家；霍桑的朋友。

孟德爾（Mendel, Gregor）1822-1884：奧地利修道士，以對植物的研究開創遺傳學。

米開朗基羅（Michelangelo）1475-1564：義大利畫家、雕塑家、建築師、詩人。

穆勒（Mill, John Stuart）1806-1873：英國哲學家、經濟學家；父親在他三歲時就開始教他希臘語，為他提供了很好的教育。

米爾頓（Milton, John）1608-1674：英國詩人。

蒙博多（Monboddo, James Burnett, Lord）1714-1799：蘇格蘭律師、法官、人類學家；《語言的起源和發展》一書的作者；其理論為達爾文理論奠定了基礎。

蒙田（Montaigne, Michel Eyquem de）1533-1592：法國哲學家。

莫札特（Mozart, Wolfgang Amadeus）1756-1791：奧地利作曲家。

墨索里尼（Mussolini, Benito）1883-1945：義大利獨裁者。

拿破崙（Napoleon）1769-1821：法國皇帝。

牛頓（Newton, Sir Isaac）1642-1727：英國數學家、物理家。

尼采（Nietzsche, Friedrich）1844-1900：德國哲學家。

諾斯特拉達（Nostradamus）1503-1566：法國物理學家、天文學家；寫了《世紀連綿》一書。

奧特加（Ortega y Gasset, José）1883-1955：西班牙哲學家。

牛津伯爵（Oxford, Earl of, Edward de Vere）1550-1604：越來越多的學者認為是莎士比亞作品的真正作者。

巴門尼德（Parmenides）約生於515 BC：希臘哲學家。

帕斯卡（Pascal, Blaise）1623-1662：法國哲學家、數學家、物理學家。

費勒蒙（Philemon）361-263 BC：希臘劇作家。

柏拉圖（Plato）428?-347 BC：希臘哲學家。

龐培（Pompey）106-48 BC：羅馬將軍、政治家。

波普（Pope, Alexander）1688-1744：英國詩人。

普魯斯特（Proust, Marcel）1871-1922：法國小說家。

拉伯雷（Rabelais, François）1493?-1553：法國作家；他的一部諷刺小說被法國權威人士禁止，但當時的國王讀後非常喜歡，便允許其出版。

蘭克（Rank, Otto）1884-1939：奧地利心理學家、心理醫師；弗洛依德早期的門徒。

拉菲爾（Raphael）1483-1520：義大利畫家。

拉斯布丁（Rasputin）1872-1916：俄國神秘主義者、宮廷人物。

林布蘭（Rembrandt）1606-1669：荷蘭畫家。

雷南（Renan, Ernest）1823-1892：法國哲學家、宗教歷史學家。

韓波（Rimbaud, Arthur）1854-1891：法國詩人。

盧梭（Rousseau, Jean Jacques）1712-1778：法國哲學家、小說家；對音樂很有造詣。

羅斯金（Ruskin, John）1819-1900：英國藝術、經濟評論家。

薩克斯（Sachs, Hanns）：現代心理學家、弗洛依德學派一員。

施萊格（Schlegel, Friedrich von）1772-1829：德國作家。

叔本華（Schopenhauer, Arthur）1788-1860：德國哲學家。

司考特（Scott, Sir Walter）1771-1832：蘇格蘭小說家、詩人。

塞內加（Seneca）4? BC-AD 65：羅馬哲學家、劇作家、政治家。

莎士比亞（Shakespeare, William）1564-1616：英國劇作家、詩人；見「牛津伯爵」。

蕭伯納（Shaw, George Bernard）1856-1950：愛爾蘭劇作家。

蘇格拉底（Socrates）470?-399? BC：希臘哲學家。

史賓格勒（Spengler, Oswald）1880-1936：德國哲學家。

斯賓諾莎（Spinoza）1632-1677：荷蘭哲學家；祖先是猶太人。

斯丹達爾（Stendhal）1783-1842：法國小說家。

斯特林堡（Strindberg, August）1849-1912：瑞典劇作家。

斯威登堡（Swedenborg, Emanuel）1688-1772：瑞典科學家、哲學家、神學家。

斯威夫特（Swift, Jonathan）1667-1745：英國諷刺家、以《格列佛遊記》著名。

戴震（Tai Chen）1723-1777：中國哲學家。

塔列朗（Talleyrand）1754-1838：法國政治家、外交家。

塔索（Tasso, Torquato）1544-1595：義大利詩人。

梭羅（Thoreau, Henry David）1817-1862：美國作家。

修昔底德（Thucydides）460?-400 BC：希臘歷史學家。

托克維爾（Tocqueville, Alexis de）1805-1859：法國政治家、政治理論作家。

托爾斯泰（Tolstoy, Leo）1828-1910：俄國小說家。
湯恩比（Toynbee, Arnold Joseph）1889-1975：英國歷史學家。
馬克・吐溫（Twain, Mark）1835-1910：美國作家。
梵谷（van Gogh, Vincent）1853-1890：荷蘭畫家。
維吉爾（Vergil）70-19 BC：羅馬詩人。
維美爾（Vermeer, Jan）1632-1675：荷蘭畫家。
伏爾泰（Voltaire）1694-1778：法國作家。
韋伯（Weber, Max）1864-1920：德國社會學家、經濟學家。
威爾斯（Wells, H. G.）1866-1946：英國科幻小說作家、政治理論作家。
惠特曼（Whitman, Walt）1819-1892：美國詩人。
王爾德（Wilde, Oscar）1854-1900：愛爾蘭裔劇作家、小說家、對話作家。
阿瑟・洋（Young, Arthur）1741-1820：英國農業和旅行作家。
左拉（Zola, Émile）1840-1902：法國小說家。

內文簡介

在大學教育變相成職業教育，在文化被分割成專業領域的今天，如果按照全人的教育理念來看，我們都不算是真正受過教育，只有讀過經典的人才算是受過教育的人。本書正是要稍稍彌補此一缺失，寫給那些無暇閱讀經典著作的人們。

這是一本既嚴肅又有趣的書，以簡潔而流暢的文字寫成。介紹各個思想領域中的經典作品，使您感覺自己跟經典作品關係密切，也覺得那些生活在幾百年前的作家就近在咫尺。它使哲學像報紙文章一樣易讀易懂，又不失哲學本身的學術性和深刻性。讀這本書就像在一個文學、思想和經典著作的國度中旅行，隨時可以發現智慧的火光。

除了人文學的主要部分如哲學、文學、宗教、倫理、政治、語言等等之外，作者還特別探討「天才」的論題，從而認識經典著作背後的作家。並探索二十世紀以來弗洛依德與榮格所帶領的探索無意識領域的運動。

本書之最後提出了衰朽與復興的歷史理論。這個理論預言我們的時代會有四百年以來的第一次復興。而十九世紀兩位最傑出的哲學家，尼采和卡萊爾，也都如此預言過。這次復興正在開始，它開始在人們最不能預料的時候，開始在人們只看到衰朽和停滯的時候，開始在衰朽達到極端的時候。

作者簡介

寒哲（L. James Hammond）

生於美國康乃狄克州的一個小城。一九八三年畢業於哈佛大學，寫作之餘，從事拉丁文教學和電腦諮詢工作，現與夫人及女兒居住在美國羅德島州。發表過多篇哲學與文學著作。最喜愛的業餘活動是讀書、靜思和在寂靜的鄉間小路上散步。

譯者簡介

胡亞非

一九八二年畢業於北京航空學院英語系，一九八五年畢業於中國社會科學院研究生院，主修美國當代文學，獲美國文學碩士學位。一九八七年赴美國史密斯女子學院修教育學，一九八九年獲教育學碩士學位。寫過諸多文學評論文章及短篇小說，在大陸文學雜誌和網路雜誌上發表過多篇作品。現在美國羅德島州從事中文教學。

校對

刁筱華

文字、文化工作者，除曾發表多篇論述外，亦有多部譯著出版

經典解讀與哲學

西方哲學心靈
從蘇格拉底到卡繆

傅佩榮◎著

第一卷 蘇格拉底．柏拉圖．亞里斯多德．休謨．奧古斯丁．多瑪斯．笛卡兒．史賓諾莎

定價：360元

第二卷 盧梭．康德．席勒．黑格爾．叔本華．齊克果．馬克思．尼采

定價：350元

第三卷 柏格森．懷德海．卡西勒．德日進．雅士培．馬塞爾．海德格．卡繆

定價：350元

傅佩榮教授解讀哲學經典
新世紀繼往開來的思想經典

跨越智慧的門檻、文字的隔閡

大字校訂．白話解讀．提供現代人簡單而有效的閱讀方法

《論語解讀》 沉潛於孔子思想的普世價值與人文關懷
精／平：500元／420元

《孟子解讀》 探究孟子向當政者滔滔建言的政治理想與人生價值　精／平：500元／380元

《莊子解讀》 逍遙翱遊莊子無限廣闊的天地
精／平：620元／499元

《老子解讀》 深入老子返樸守真的自由境界
精／平：420元／300元

《易經解讀》 涵蓋「天道、地道、人道」的生命哲學
精／平：620元／499元

《大學．中庸解讀》 探究「大學」之道，再現古代理想教育
體現「中庸」之至德，化育人性的契機
平：280元

平裝

文化的視野
當代人文修養四講：
文化．愛．美．宗教

傅佩榮◎著

ISBN:957-8453-21-3

定價：210元

創造的勇氣：羅洛．梅經典
羅洛．梅 Rollo May◎著

傅佩榮◎譯

中時開卷版書評推薦

ISBN:978-986-6513-90-9

定價：230元

科學與現代世界
二十世紀大哲懷德海演講集

A. N. Whitehead◎著

傅佩榮◎譯

青年日報副刊書評推薦

ISBN:957-8453-96-5

定價：250元

人的宗教向度
LouisDupre◎著

傅佩榮◎譯

ISBN:986-7416-39-2

定價：480元

心理學與哲學思考

羅洛・梅 Rollo May

愛與意志

生與死相反，
但是思考生命的意義
卻必須從死亡而來。

ISBN:978-957-0411-23-2
定價：380元

自由與命運：羅洛・梅經典

生命的意義除了接納無
可改變的環境，
並將之轉變為自己的創造外，
別無其他。
中時開卷版、自由時報副刊
書評推薦
ISBN:978-986-6513-93-0
定價：360元

創造的勇氣：羅洛・梅經典

若無勇氣，愛即將褪色，
然後淪為依賴。
如無勇氣，忠實亦難堅持，
然後變為妥協。

中時開卷版書評推薦
ISBN:978-986-6513-90-9
定價：230元

權力與無知

暴力就在此處，
就在常人的世界中，
在失敗者的狂烈哭聲中聽到
青澀少年只在重蹈歷史的覆轍。

ISBN:957-0411-82-1
定價：320元

哭喊神話

呈現在我們眼前的....
是一個朝向神話消解的世代。
佇立在過去事物的現代人，
必須瘋狂挖掘自己的根，
即便它是埋藏在太初
遠古的殘骸中。

ISBN:957-0411-71-6
定價：350元

焦慮的意義

焦慮無所不在，
我們在每個角落
幾乎都會碰到焦慮，
並以某種方式與之共處。

聯合報讀書人書評推薦
ISBN:978-986-7416-00-1
定價：420元

尤瑟夫・皮柏 Josef Pieper

二十世紀最重要的哲學著作之一

閒暇：一種靈魂的狀態 誠品好讀重量書評推薦

Leisure, The Basis of Culture
德國當代哲學大師經典名著

本書摧毀了20世紀工作至上的迷思，
顛覆當今世界對「閒暇」的觀念

閒暇是一種心靈的態度，
也是靈魂的一種狀態，
可以培養一個人對世界的關照能力。

ISBN:978-986-6513-09-1
定價：250元

C. G. Jung 榮格對21世紀的人說話

發現人類內在世界的哥倫布

**榮格早在二十世紀即被譽為是
二十一世紀的心理學家，因為他的成就
與識見遠遠超過了他的時代。**

榮格（右一）與弗洛依德（左一）在美國與當地學界合影，中間爲威廉．詹姆斯。

人及其象徵：

榮格思想精華
Carl G. Jung ◎主編
龔卓軍 ◎譯

中時開卷版書評推薦
ISBN: 978-986-6513-81-7
定價：390元

榮格心靈地圖

人類的先知，
神秘心靈世界的拓荒者
Murray Stein◎著
朱侃如 ◎譯
中時開卷版書評推薦
ISBN: 978-957-8453-71-5
定價：280元

榮格．占星學

重新評估榮格對
現代占星學的影響
Maggie Hyde ◎著
趙婉君 ◎譯

ISBN: 978-986-6513-49-7
定價：350元

導讀榮格

超心理學大師
榮格全集導讀
Robert H. Hopcke ◎著
蔣韜 ◎譯

ISBN: 978-957-8453-03-6
定價：230元

榮格（漫畫）

認識榮格的開始
Maggie Hyde ◎著
蔡昌雄 ◎譯

ISBN: 957-9935-91-2
定價：195元

大夢兩千天

神話是公眾的夢
夢是私我的神話
Anthony Stevens ◎著
薛絢 ◎ 譯

ISBN: 978-986-7416-55-1
定價：360元

夢的智慧

榮格的夢與智慧之旅
Segaller & Berger ◎著
龔卓軍 ◎譯

ISBN: 957-8453-94-9
定價：320元

宗教學

20世紀美國實用宗教學鉅著

威廉．詹姆斯 William James

百年百萬長銷書，宗教學必讀

宗教經驗之種種

這是宗教心理學領域中最著名的一本書，
也是20世紀宗教理論著作中最有影響力的一本書。
——*Psychology Today*

如果我們不能在你我的房間內，
在路旁或海邊，
在剛冒出的新芽或盛開的花朵中，
在白天的任務或夜晚的沈思裡，
在眾人的笑容或私下的哀傷中，
在不斷地來臨、莊嚴地過去而
消逝的生命過程中看見神，
我不相信我們可以在伊甸的草地上，
更清楚地認出祂。

2001年博客來網路書店十大選書
中時開卷版本周書評
誠品好讀重量書評
ISBN:957-0411-36-8
定價：420元

20世紀美國宗教學大師

休斯頓．史密士 Huston Smith

ISBN:978-986-6513-79-4
定價：400元

人的宗教：人類偉大的智慧傳統

為精神的視野增加向度，
打開另一個可生活的世界。
中時開卷版一周好書榜

半世紀數百萬長銷書
全美各大學宗教通識必讀
橫跨東西方傳統
了解宗教以本書為範本

燈光，是不會在無風的地方閃動。
最深刻的真理，
只對那些專注於內在的人開放。
——*Huston Smith*

永恆的哲學

找回失去的世界
ISBN:957-8453-87-6
定價：300元

權威神學史學者

凱倫．阿姆斯壯 Karen Armstrong

神的歷史：猶太教、基督教、伊斯蘭教的歷史

紐約時報暢銷書
探索三大一神教權威鉅著
讀書人版每周新書金榜

ISBN:978-986-6513-57-2
定價：460元

帶領我們到某族群的心，
最佳方法是透過他們的信仰。

喬瑟夫・坎伯 Joseph Campbell

20世紀美國神話學大師

如果你不能在你所住之處找到聖地，
你就不會在任何地方找到它。
默然接納生命所向你顯示的實相，
就是所謂的成熟。

坎伯與妻子珍・厄爾曼

英雄的旅程

讀書人版每週新書金榜
開卷版本周書評
Phil Cousineau ◎著
梁永安 ◎譯

ISBN: 978-986-360-001-5
定價：420元

神話的力量

1995聯合報讀書人
最佳書獎
Campbell & Moyers ◎著
朱侃如 ◎譯

ISBN: 957-986-360-026-8
定價：390元

千面英雄

坎伯的經典之作
中時開卷版、讀書人版每周
新書金榜
Joseph Campbell ◎著
朱侃如 ◎譯

ISBN: 957-8453-15-9
定價：420元

坎伯生活美學

開卷版一周好書榜
讀書人版每周新書金榜
Diane K. Osbon ◎著
朱侃如 ◎譯

ISBN: 957-8453-06-X
定價：360元

神話的智慧

開卷版一周好書榜
讀書人版每周新書金榜
Joseph Campbell ◎著
李子寧 ◎譯

ISBN: 957-0411-45-7
定價：390元

美國重要詩人內哈特 John Neihardt傳世之作

巫士詩人神話　長銷七十餘年、譯成八種語言的美國西部經典

這本如史詩般的書，述說著一個族群偉大的生命史與心靈史，透過印第安先知黑麋鹿的敘述，一部壯闊的、美麗的草原故事，宛如一幕幕扣人心弦的電影場景。這本書是世界人類生活史的重要資產，其智慧結晶將爲全人類共享，世世代代傳承。

ISBN: 986-7416-02-3　定價：320元

生活哲思一新文明生活主張

孤獨
最眞實、最終極的存在
Philip Koch ◎著
梁永安◎ 譯
中國時報開卷版書評推薦

ISBN:978-957-8453-18-0
定價：350元

孤獨世紀末
孤獨的世紀、
孤獨的文化與情緒治療
Joanne Wieland-Burston◎著
宋偉航◎ 譯
中時開卷版、聯合報讀書人
書評推薦

ISBN:957-8453-56-6
定價：250元

隱士
一本靈修的讀本
Peter France◎著
梁永安◎ 譯
聯合報讀書人、中時開卷
每周新書金榜

ISBN:978-957-0411-17-1
定價：320元

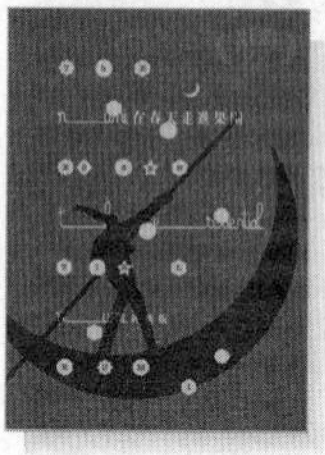

Rumi在春天走進果園（經典版）
伊斯蘭神秘主義詩人
Rumi以第三隻眼看世界
Rumi◎著
梁永安◎ 譯

ISBN:978-986-6513-99-2
定價：360元

靈魂筆記
從古聖哲到當代藍調歌手的
心靈探險之旅
Phil Cousineau◎著
宋偉航◎ 譯
中時開卷版書評推薦

ISBN:957-8453-44-2
定價：400元

四種愛：
親愛·友愛·情愛·大愛
C. S. Lewis◎著
梁永安◎ 譯

ISBN:978-986-6513-53-4
定價：200元

運動：天賦良藥
為女性而寫的每天
30分鐘體能改造
Manson & Amend ◎著
刁筱華◎譯

ISBN:957-0411-46-5
定價：300元

愛情的正常性混亂
一場浪漫的社會謀反
社會學家解析現代人的愛情
Ulrich Beck
Elisabeth Beck-Gemsheim◎著
蘇峰山等◎ 譯

ISBN:978-986-360-012-1
定價：380元

內在英雄
現代人的心靈探索之道
Carol S. Pearson◎著
徐愼恕·朱侃如·龔卓軍◎譯
蔡昌雄◎導讀·校訂
聯合報讀書人每周新書金榜

ISBN:957-8453-98-1
定價:280元

生活哲思—新文明生活主張

提倡簡單生活的人肯定會贊同畢卡索所說的話：「藝術就是剔除那些累贅之物。」

小即是美
M型社會的出路
拒絕貧窮
E. F. Schumacher ◎著

中時開卷版一周好書榜
ISBN: 978-957-0411-02-7
定價：320元

少即是多
擁有更少 過得更好
Goldian Vandn Broeck◎著

ISBN:978-957-0411-03-4
定價：360元

簡樸
世紀末生活革命
新文明的挑戰
Duane Elgin ◎著

ISBN :978-986-7416-94-0
定價：250元

靜觀潮落
寧靜愉悅的生活美學日記
Sarah Ban Breathnach ◎著

ISBN: 978-986-6513-08-4
定價：450元

美好生活：貼近自然，樂活100
我們反對財利累積，
反對不事生產者不勞而獲。
我們不要編制階層和強制權威，
而希望代之以對生命的尊重。
Helen & Scott Nearing ◎著

ISBN:978-986-6513-59-6
定價：350元

倡導純樸，
並不否認唯美，
反而因為擺脫了
人為的累贅事物，
而使唯美大放異彩。

中時開卷版一周好書榜

德蕾莎修女：一條簡單的道路
和別人一起分享，
和一無所有的人一起分享，
檢視自己實際的需要，
毋須多求。
ISBN:978-986-6513-50-3
定價：210元

115歲, 有愛不老
一百年有多長呢？
她創造了生命的無限可能
27歲上小學
47歲學護理
67歲獨立創辦養老病院
69歲學瑜珈
100歲更用功學中文……

宋芳綺◎著
中央日報書評推薦

ISBN:978-986-6513-38-1
定價：280元

許哲與德蕾莎修女在新加坡

年度好書在立緒

文化與抵抗
- 2004年聯合報讀書人最佳書獎

威瑪文化
- 2003年聯合報讀書人最佳書獎

在文學徬徨的年代
- 2002年中央日報十大好書獎

菸草、咖啡、酒，上癮五百年
- 2002年中央日報十大好書獎

遮蔽的伊斯蘭
- 2002年聯合報讀書人最佳書獎
- News98張大春泡新聞2002年好書推薦

弗洛依德傳
（弗洛依德傳共三冊）
- 2002年聯合報讀書人最佳書獎

以撒・柏林傳
- 2001年中央日報十大好書獎

宗教經驗之種種
- 2001年博客來網路書店年度十大選書

文化與帝國主義
- 2001年聯合報讀書人最佳書獎

鄉關何處
- 2000年聯合報讀書人最佳書獎
- 2000年中央日報十大好書獎

東方主義
- 1999年聯合報讀書人最佳書獎

航向愛爾蘭
- 1999年聯合報讀書人最佳書獎
- 1999年中央日報十大好書獎

深河(第二版)
- 1999年中國時報開卷十大好書獎

田野圖像
- 1999年聯合報讀書人最佳書獎
- 1999年中央日報十大好書獎

西方正典
- 1998年聯合報讀書人最佳書獎

神話的力量
- 1995年聯合報讀書人最佳書獎

大都文化 閱讀卡

姓　名：

地　址：□□□

電　話：(　　)　　　　　傳　眞：(　　)

E-mail：

您購買的書名：＿＿＿＿＿＿＿＿＿＿＿＿

購書書店：＿＿＿＿＿市（縣）＿＿＿＿＿＿＿＿書店

■您習慣以何種方式購書？

□逛書店 □劃撥郵購 □電話訂購 □傳真訂購 □銷售人員推薦
□團體訂購 □網路訂購 □讀書會 □演講活動 □其他＿＿＿＿

■您從何處得知本書消息？

□書店 □報章雜誌 □廣播節目 □電視節目 □銷售人員推薦
□師友介紹 □廣告信函 □書訊 □網路 □其他＿＿＿＿＿

■您的基本資料：

性別：□男 □女　婚姻：□已婚 □未婚　年齡：民國＿＿＿年次

職業：□製造業 □銷售業 □金融業 □資訊業 □學生
□大眾傳播 □自由業 □服務業 □軍警 □公 □教 □家管
□其他＿＿＿＿＿＿＿＿＿＿＿＿

教育程度：□高中以下 □專科 □大學 □研究所及以上

建議事項：

愛戀智慧 閱讀大師

廣	告	回	信
北區郵政管理局登記證 北 臺 字 8448 號			
免	貼	郵	票

立緒文化事業有限公司 收

新北市 2 3 1

新店區中央六街62號一樓

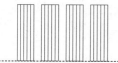

請沿虛線摺下裝訂，謝謝！

立緒文化 閱讀卡

感謝您購買立緒文化的書籍

為提供讀者更好的服務，現在填妥各項資訊，寄回閱讀卡（免貼郵票），或者歡迎上網至http://www.ncp.com.tw，加入立緒文化會員，即可收到最新書訊及不定期優惠訊息。

國家圖書館出版品預行編目資料

在思想經典的國度中旅行／寒哲（L. James Hammond）作；胡亞非譯.--三版--
新北市新店區：立緒文化，民 104.9
面；　公分.(世界公民叢書)
譯自：Conversations With Great Thinkers
ISBN 978-986-360-046-6（平裝）
1.哲學　2.學術思想

100　　　　104017485

在思想經典的國度中旅行 Conversations With Great Thinkers

（原書名：西方思想抒寫）

出版——立緒文化事業有限公司（於中華民國 84 年元月由郝碧蓮、鍾惠民創辦）
作者——寒哲（L. James Hammond）
譯者——胡亞非

發行人——郝碧蓮
顧問——鍾惠民

地址——新北市新店區中央六街 62 號 1 樓
電話——(02)22192173
傳真——(02)22194998
E-Mail Address: service@ncp.com.tw
網址：http://www.ncp.com.tw
劃撥帳號——1839142-0 號　立緒文化事業有限公司帳戶
行政院新聞局局版臺業字第 6426 號

總經銷——大和書報圖書股份有限公司
電話——(02)8990-2588　傳真——(02)2290-1658
地址——新北市新莊區五工五路 2 號
排版——文芳印刷事務有限公司
印刷——祥新印刷股份有限公司

法律顧問——敦旭法律事務所吳展旭律師

分類號碼——100.00.001
ISBN 978-986-360-046-6
出版日期——中華民國 89 年 5 月初版　一刷(1～5,500)
中華民國 90 年 12 月二版　一刷(1～1,200)
中華民國 104 年 9 月三版　一刷(1～1,000)

定價◉299 元